우리 아이
자기 조절력은
점검하셨나요?

생후 60개월까지

우리 아이
자기 조절력은
점검하셨나요?

조정윤 지음

STEP 01
**자기
조절력**

STEP 02
성취감

STEP 03
**자아
탄력성**

생후 60개월까지 자기 조절력 키우는 방법

STEP 01

스스로 하도록 기회 주기
시행착오 경험하기
발달과업 채우기

STEP 02

부모의 합리적인 칭찬
아이의 행동 그대로 읽어 주기
노력 인정해 주기

STEP 03

난 이런 사람이야
뭘 더 해 볼까?
난 할 수 있어

좋은땅

우리 아이 자기 조절력은
점검하셨나요?

생후 60개월까지 아이를 키운다는 것은 마치 황무지를 개척하는 과정을 아이에게 가르치는 것과 같다. 부모는 아이에게 황무지에 있는 풀과 돌을 골라내는 방법을 알려 주고 미숙하지만 아이 스스로 해보는 경험을 주는 과정이 필요하다. 아이가 힘들어할 것이 두려워 부모가 미리 풀과 돌을 골라 준다면 아이는 부모에게 점점 의지하게 되고 불편한 상황에 대한 민감성은 높아지게 될 것이다.

생후 20개월이 지나면서부터 이전에는 경험하지 못했던 아이의 강한 주장이나 고집과 만나게 된다. 부모는 내 아이가 왜 떼를 쓰는지, 예민한지, 공격성을 보이는지 알아내려고 노력한다. 그래서 수많은 육아서적을 찾아보고 다양한 교육도 받아 보지만 이유를 찾기가 그리 쉽지 않다.

그렇게 시간이 흐르면서 아이는 점점 자신이 나름대로 획득한 방식대로 일명 고집을 부린다. 부모는 그런 아이에게 끌려다니며 위기감을 느끼는 상황이 많아진다. 그래서 혼내기도 하고, 벌을 세우기도 하고, 화를 내기도 하며 부모로서 할 수 있는 모든 방법을 다 동원해 본다. 그럼에도 쉽지 않다.

얼마 전 방영된 SBS 다큐 〈가디언즈 오브 툰드라〉를 보다가 어느한 장면에서 눈을 뗄 수 없었다. 툰드라 지역의 특성상 이곳 사람들은추운 지방에서 살아남기 위해 지방질이 높은 고래고기나 바다코끼리를 잡아서 영양을 보충한다. 이곳 아이들은 5세 정도가 되면 스스로옷 입기, 이불 개기, 땔감 고르기, 고기 나르기 등의 일을 능숙하게 하고 있었다. 추운 지방의 특성상 거주지 이동이 잦고 하루 종일 생존을위한 일을 해야 하는 환경이었다. 이 지역 부모는 아이들이 할 수 있는 능력을 최대한 발휘해서 생존법을 터득해 가도록 양육하고 있었다. 이로 인해 아이는 자신의 발달과업을 충분히 수행할 수밖에 없고, 점점 능동적으로 자신의 과업을 해내는 탄력성이 생겨 가고 있었다. 툰드라 지역 아이들은 부모에게 의지하거나 자신의 생각대로 되지 않는다고 해서 울지 않았다. 부모는 아이의 능력을 믿고 기다려 주거나자기 할 일을 스스로 하도록 기회를 주는 것에 익숙해져 있었다. 내가이 책에서 말하고자 하는 '자기 조절력'을 설명하는 데 가장 적절한 자료가 아닌가 하는 생각이 들었다.

그렇다면 생후 60개월까지 아이에게 '자기 조절력'이란 무엇일까?

TV 매체에서 유명연예인 자녀들의 놀이평가 장면이 몇 번 방영된 적이 있었다. 일명 '머시멜로 실험'인데, 평가자가 맛있는 과자를 아이에게 주며 5분간 먹지 않고 기다리라는 과제를 준다. 어떤 아이는 먹고 싶지만 과자를 먹지 않고 참아내고, 어떤 아이는 반쯤 먹고 안 먹은 척하기도 하며, 어떤 아이는 바로 먹어 버린다. 어찌 생각해 보면 '모든 아이들이 그렇지 않나?' 하고 생각할 수도 있다. 하지만 아이들마다 개인차가 발생하는 이유는 '자기 조절력'의 차이라고 설명할 수 있겠다.

영유아의 '자기 조절력'은 3세 이전부터 발달하기 시작하여 환경과 경험에 의해 발달 가능하다. 결국 이러한 '자기 조절력'은 부모의 양육 태도에서 발달시킬 수 있다는 게 매우 중요하다. 아이가 기다리지 못하고 떼를 쓰면 기다림을 가르쳐 줘야 하고, 하기 싫다고 울면 해야 함을 가르치면서 성취경험을 주는 데 집중해야 한다.

이 책에서는 생후 60개월(만 5세)까지를 기준으로 하여 '자기 조절력'을 키워 줄 수 있는 양육방법과 부모 역할에 대해 다각도로 설명하고 있다. 부모에 따라서 이렇게 어린 아이에게 자신의 만족을 지연시키고 조절력을 쓰는 게 필요한가에 대한 의문을 제기하기도 한다. 하지만 '자기 조절력'이 낮음으로 인해 다양한 발달이나 적응상의 문제가 나타난다면 생각을 달리할 필요가 있다.

육아가 어렵거나 양육에 대한 지침서가 필요한 부모를 위해 이 책을 준비해 보았다. 저자가 수년간 60개월 미만의 영유아 양육 코칭 과정에서 부모와 아이의 성장을 도와주었던 지침들을 수록해 보았다.

이 책을 통해 우리 아이의 자기 조절력, 건강한 자아 탄력성, 자존감을 길러 주는 방법에 대해 연습하고 성장하는 시간이 되기를 바란다.

지금 이 시간에도 아이의 떼쓰기와 짜증, 울음, 공격적인 행동, 민감성, 낮은 적응력 등으로 인해 땀 흘리고 있는 모든 부모님을 응원하며 그 서두를 열어 볼까 한다.

　　1. 아이에게 하루 10회 이상 스킨십을 해 준다

　　2. 아이가 울면 왜 우는지 바로 알아차리고 민감하게 대처해 준다

　　3. 평소 부드러운 목소리로 말해 준다

　　4. 수유나 이유식을 할 때 아이의 눈을 바라봐 준다

　　5. 아이가 울 때 침착하고 단호하게 대처한다

　　6. 아이와 함께 하루 2회 이상 산책을 한다

　　7. 위험하거나 안 되는 행동에 대해서는 단호하게 알려 준다

　　8. 책이나 장난감으로 하루 20분 이상 집중해서 놀아 준다

　　9. 훈육을 할 때 짜증이나 화를 내지 않는다

　　10. 아이를 키우는 일이 보람되고 행복함을 인식한다

제2부

자기 조절력과 부적응 행동의 메커니즘
(The mechanism of self-regulation and maladaptive behavior)

제1부

우리 아이의 자기 조절력
(self-regulation)

"생후 20개월 전후부터 발달하는 자기 주도성,
자율성을 적절히 통제하고 상황에 맞게 자신을 조절하는
능력을 발달시키는 게 중요하다."

제1장

생후 20개월까지는 자기 조절력의 영양분을 채워 주는 시기다

아이는 20개월 전후에 자의식(self-awareness)이 발달한다. 그동안 아이 삶에 있어서 없었던 새로운 싹이 돋아나는 시기라고 설명할 수 있다. 씨앗은 잘 썩을 수도 있고 자칫 잘못하면 세상 밖으로 싹을 틔우지 못할 수도 있는 불안정한 상태이다. 이렇듯 20개월 전후는 싹이 나는 데 필요한 영양분과 최적의 조건을 필요로 하는 중요한 시기다.

생후 20개월 이전의 아이에게는 기본적인 애착과 정서에 대한 신뢰 쌓기가 매우 중요하다. 따라서 이 시기 아이는 앞으로 자기 조절력을 기르기 위한 정서적 영양분을 충분히 쌓아 놓아야 한다. 그래서 아이가 힘들어하면 도와주고, 안 하겠다고 하면 안 하도록 해 주며, 가자고 하면 가 주고, 하고 싶어 하면 하게 해 주는 양육이 필요한 것이다. 사실 이 시기까지는 부모가 아이를 키우면서 힘들거나 까다롭다는 생각이 그리 들지 않을 수도 있다.

아이는 처음 세상에 태어났을 때 엄마와 자신을 한 몸으로 인식한다. 시간이 점점 지나면서 엄마와 자신은 다른 객체라는 걸 알게 된다. 이때부터 애착이 형성되는 단계로 들어가는데 엄마의 감정, 정서,

행동, 언어 표현을 통해 세상을 배우게 된다. 다시 말해 엄마가 아이의 표현에 얼마나 민감하게 반응하고 대처하는가에 따라 아이는 세상에 대한 신뢰를 쌓아 가게 되는 것이다. 아이가 배고파서 울면 바로 수유를 하고, 기저귀가 젖어서 울면 바로 갈아 주고, 불안해서 울면 바로 안아 주는 것으로 애착형성은 시작된다. 애착형성이 원만하게 이루어지게 되면 아이는 정서적으로 안정된 성장 속도를 잘 따라가게 된다.

이 시기 부모가 아이에게 해 주어야 하는 양육 방법에 대한 점검을 한번 해 보기로 하자. 부모로서 다음 항목 10개 중 몇 가지를 실행하고 있는지 확인해 보면 좋겠다.

생후 20개월까지의 부모 체크 리스트

1. 아이에게 하루 10회 이상 스킨십을 해 준다.
2. 아이가 울면 왜 우는지 바로 알아차리고 민감하게 대처해 준다.
3. 평소 부드러운 목소리로 말해 준다.
4. 수유나 이유식을 할 때 아이의 눈을 바라봐 준다.
5. 아이가 울 때 침착하고 단호하게 대처한다.
6. 아이와 함께 하루 2회 이상 산책을 한다.
7. 위험하거나 안 되는 행동에 대해서는 단호하게 알려 준다.
8. 책이나 장난감으로 하루 20분 이상 집중해서 놀아 준다.
9. 훈육을 할 때 짜증이나 화를 내지 않는다.
10. 아이를 키우는 일이 보람되고 행복함을 인식한다.

이 10가지 중 7가지 이상일 경우는 아이와 안정적인 애착형성을 하고 있다고 볼 수 있다. 만일 조금 부족하다면 좀 더 힘을 내어 아이에게 좋은 영양분이 가도록 노력하자.

1. 아이에게 하루 10회 이상 스킨십을 해 준다

영유아 시기는 양육자의 눈빛, 목소리, 표정, 스킨십 등을 통해 정서를 배우는 시기다. 아이에게 전해지는 부모의 포근하고 따뜻한 반응들은 아이가 사회적 인간으로 살아가기 위한 밑거름이 된다. 부모가 아이에게 전달해 주는 다양한 정서적. 신체적 표현은 아이의 안정적인 애착과 정서발달에 도움이 된다. 이러한 맥락에서 스킨십은 아이에게 가장 친밀하면서도 즉각적인 안정감을 주는 일등공신이다. 아이는 깔깔 웃기도 하고 자연스럽게 양육자와 눈맞춤을 하기도 하며 정서적인 교류는 물론 편안함을 갖게 된다. 양육자는 아이와 스킨십을 하면서 행복감을 느끼고 양육 스트레스가 줄어드는 경험을 하게 된다. 그렇다면 개월 수에 맞는 스킨십에는 어떤 것들이 있는지 살펴보자.

생후 3개월~ 6개월까지
* 어깨, 팔, 손, 배, 허리, 허벅지, 무릎, 발 순으로 내려오며 하루 3회 마사지해 준다.
* 모유 수유 시 아이의 눈을 바라보며 편안하고 부드러운 시선을 교

류한다.

* 목욕 후에는 로션 바르기 놀이를 통해 보습과 충분한 스킨십을 해
  준다.

생후 7개월~12개월까지

* 하루 1회 아이 손을 잡고 짧은 동요 3곡 부르며 눈맞춤 한다.
* 아침저녁 부드러운 목소리로 "○○아, 사랑해!" 하고 5회 말해 준다.
* 까꿍 놀이를 하루 3회, 5분간 충분히 한다.
* 아이와 눈이 마주치면 활짝 웃어 주며 따뜻한 표현을 많이 해 준다.

생후 13개월~20개월까지

* 동요나 음악에 맞춰 아이와 손을 잡고 박수 치기, 춤추기 놀이를
  한다.
* 외출 전과 후 아이를 1분여간 따뜻하게 안아 주며 "다녀올게", "다
  녀왔어"라고 말한다.
* 잡지 등에 나오는 동물, 사물 사진을 오려 붙이며 다양한 이야기
  를 만들어 보는 놀이를 한다.

2. 아이가 울면 왜 우는지 바로 알아차리고 민감하게 대처해 준다

6개월 이전의 아이는 배고픔이나 불편감을 모두 울음으로 표현한
다. 아이의 울음 신호를 듣고 양육자는 민감하게 반응하는 게 중요하

다. 배고플 때, 기저귀가 오염되었을 때, 덥거나 추울 때, 졸려서 안아 달라고 할 때, 열이 나거나 아플 때의 울음소리는 조금씩 다를 수 있다. 미세한 차이를 알고 그에 따른 적절한 상태점검이나 대처가 중요하다.

아이가 부모를 통해 세상에 대한 신뢰를 획득해 가는 과정에서 가장 기초가 되는 것은 바로 울음에 대한 대처다. 아이가 어떤 신호를 보냈을 때 즉각 불편함이 사라지게 되면 아이는 세상에 대한 믿음을 갖게 되는 것이다. 반면, 아무리 울어도 양육자가 오지 않거나 방치하게 되면 아이는 더 이상 울음 신호를 보내지 않거나 무분별한 울음으로 자기표현을 할 수도 있다. 한마디로 불안정 애착이 형성되는 전형적인 과정으로 들어가게 되는 것이다. 결국 아이가 세상으로 한 걸음 나아가기 전에 세상과 교류하는 첫 관문은 바로 울음에 대한 양육자의 반응이라 해도 과언이 아니다. 이 시기 부모의 역할에서 가장 중요한 것은 아이가 울 때 그 의미를 알아차리고 세심하게 대처해 주며 세상은 살 만한 곳임을 인식시켜 주는 것이라 할 수 있다.

3. 평소 부드러운 목소리로 말해 준다

아이에게 부드럽고 편안한 엄마의 목소리는 심리적 안정감은 물론 애착형성에도 중요한 역할을 할 수 있다. 아이의 작은 행동이나 표현에 매우 불규칙하고 큰 목소리로 반응한다면 아이는 혼란감을 경험한다. 특히 정서적으로 까다롭거나 예민한 엄마의 경우 불안정한 목소리로 아이를 대할 수 있다. 이때 아이 또한 불안감을 경험하며 짜증이 나 울음을 터뜨릴 수도 있다. 오히려 엄마와 있을 때 불안정한 정서로 인해 더 산만해지고 회피적인 애착반응을 보일 수도 있다.

평소 아이에게 부드러운 목소리로 말하기 위해서는 연습이 필요하다. 다음의 방법을 통해 좀더 일관성 있고 부드럽게 아이와 소통하도록 해 보자.

* 아이 눈을 바라보며 천천히 말한다.
* 아이 반응에 심하게 놀라며 불안해하지 않는다.
* 옹알이나 작은 표현에도 하나하나 반응해 준다.
* 훈육 상황에서도 단호하고 부드럽게 말해 준다.
* 아이 시선을 따라가며 아이가 보고 있는 것에 대해 반응해 준다.
* 아이 감정을 읽어 주고 공감해 준다.
* 화내거나 짜증 내며 말하지 않도록 감정조절을 한다.
* 훈육이 필요한 상황에서는 단호하면서도 부드러운 말투로 훈육한다.
* 엄마의 감정이나 생각을 아이에게 차분하게 이야기해 준다.
* 아이의 소리나 행동 반응에 대해 적극적으로 표현해 준다.

4. 수유나 이유식을 할 때 아이의 눈을 바라봐 준다

엄마와 아이에게 있어 수유는 특별하고도 소중한 과정이자 경험이다. 아이가 세상에 대한 신뢰를 형성하는 데 있어 가장 기초가 되면서도 건강과도 직결된다. 엄마에게는 아이와 정서적 교감을 나눌 수 있는 시간이고 아이에게는 정서적 안정과 충만감을 경험하는 시간이다. 이렇듯 수유와 이유식은 아이 성장과정에 있어 따뜻하고 행복한 시간이다. 수유나 이유식 시간에는 온전히 아이에게 집중해서 정서적 교감과 교류를 위해 노력하자. 이에 덧붙여서 세부적으로 노력할 부분은 어떤 것들이 있을까?

* 생후 6개월까지는 하루 3시간 간격으로 일정한 양의 수유를 한다.
* 6개월 이후부터 이유식을 시작한다.
* 이유식을 먹일 때는 앉혀서 숟가락으로 먹이는 게 좋다.
* 수유나 이유식 과정에서 만화를 보여 주거나 다른 장난감을 주지 않는다.
* 수유나 이유식 과정에서 빨리 먹으라고 재촉하거나 화를 내지 않는다.
* 12개월 전후부터는 혼자 떠먹는 시도를 시작한다.
* 아이 눈을 바라보고 미소로 답해 주도록 노력한다.

5. 아이가 울 때 침착하고 단호하게 대처한다

아이는 생후 12개월이 지나면서 소리나 옹알이, 짧은 단어로 감정을 표현할 수 있게 된다. 생후 6개월 이전의 울음은 언어표현이 어려운 아이의 복합적인 표현이다. 즉, 불쾌하거나 불안한 상황에서 엄마에게 의지하고 싶은 마음이 울음으로 표현된다. 중요한 것은 아이에게 엄마가 항상 너를 도와주고 안아 줄 수 있다는 믿음을 심어 주는 것이다. 하지만 아이가 울 때마다 화를 내거나 심하게 불안해하며 어찌할 바를 모른다면 아이에게 정서적인 안정감을 채워 주기 어렵다.

그렇다면 아이가 울 때 침착하게 대처해 주면서 믿음을 쌓아 줄 수 있는 방법은 무엇일까?

* '엄마가 있으니 괜찮아!' 하는 언어적, 행동적 메시지를 전달한다.
* 울음에 대해 공감해 주고 토닥거려 준다.
* 울음의 의미를 민감하게 알아차리고 즉각 반응해 준다.
* 울음이 멈출 때까지 옆에 있어 준다.
* 우는 아이의 시선을 피하지 않고 바라봐 준다.
* 부드럽게 이야기해 주며 아이의 울음에 대해 반응하고 있음을 알려 준다.
* 울음을 멈추면 부드러운 말로 마음을 읽어 준다.
* 15개월 이후부터 떼쓰는 울음에 대해서는 훈육을 시작한다.
* 15개월 이후부터 울음보다는 말로 표현하도록 알려 준다.
* 아이 울음이 틀렸다고 하거나 비난하지 않는다.

6. 아이와 함께 하루 2회 이상 산책을 한다

생후 2~3개월 이후부터는 날씨나 기온을 고려하여 아이와 함께 바깥 산책을 하는 것도 중요하다. 아이와 함께 하는 주기적인 산책은 다양한 인지적 자극은 물론 정서 안정에도 도움을 줄 수 있다. 실내에서만 아이를 양육하다 보면 양육자의 소진이 더 많을 수 있어 심리적인 이완에도 중요한 역할을 한다.

아이는 엄마와의 관계를 통해 타인에 대한 신뢰를 형성하고 세상을 배운다. 엄마가 활력이 떨어지고 무기력한 상태에서 집 안에서만 보내는 시간이 많아진다면 아이에게 필요한 자극과 정서적 영양분이 부족할 수 있다. 이 시기 육아 환경에서 필요한 것은 어쩌면 규칙적인 생활을 통해 성취감을 느끼고 삶의 활력을 찾는 것이라 할 수 있다.

아이와 주기적인 하루 2회 이상 산책이 주는 효과는 어떤 것들이 있을까?

* 규칙적인 생활패턴으로 인해 정서적 안정감을 경험한다.
* 심리적 안정과 활력을 준다.
* 다양한 풍경이나 사람들을 만나면서 한정된 공간에서의 답답함을 해소한다.
* 매일 달라지는 사물이나 풍경에 대해 다양한 이야기를 나눌 수 있다.
* 엄마와의 정서적 친밀감을 형성할 수 있다.

* 자연과 친해지고 다양한 상상력을 자극할 수 있다.

* 걷기를 통해 신체적인 발달에도 도움을 준다.

* 산책길에서 볼 수 있는 다양한 사물에 대한 친근감을 높일 수 있다.

* 계절의 변화를 느끼며 감수성을 높일 수 있다.

* 아이의 정서적 독립을 도와준다.

7. 위험하거나 안 되는 행동에 대해서는 단호하게 알려 준다

훈육과정에서 부모들이 가장 어려워하는 부분이 바로 단호함이라고 해도 과언이 아니다. 그 경계도 모호하지만 아이가 힘들어하거나 애교를 부리면 그냥 넘어가 주고 싶은 게 부모 마음이다. 하지만 '단호함'은 아이의 자기 조절력을 키우는 데 있어 필수 요소이다.

자율성 발달의 시기를 생후 20개월 전후라고 했지만 아이의 발달 수준에 따라 점점 개월 수가 낮아짐을 경험하기도 한다. 아이에 따라서는 생후 15개월에도 이미 자기만의 자의식이 생겨 마음대로 안 되면 떼를 쓰거나 물건을 던지는 행동을 보이는 경우도 있다. 어떤 아이는 9개월에 걷고, 어떤 아이는 12개월에 걷듯, 자의식 또한 아이마다 다르기 때문에 부모는 내 아이를 민감하게 관찰하면서 훈육에 집중해야 한다.

그렇다면 20개월 전후의 아이가 자의식이 생겨 자기 마음대로 하고자 하는 행동을 어떻게 알 수 있을까?

  * 예전에 없던 징징거림이 많아진다.
  * 식사 시간에 산만하게 돌아다닌다.
  * 마음대로 안 되는 상황에서 짜증을 바로 내고 크게 울기도 한다.
  * 말보다 행동이 먼저 나온다.
  * 모든 감각이 예민해진다.
  * 떼쓰는 것에서 더 발전하여 때리거나 장난감을 던지기도 한다,
  * '아니야', '싫어', '내 꺼야' 등의 표현을 달고 산다.
  * 점점 말을 안 듣고 통제가 안 된다고 느껴진다.
  * 움직임이 많아지고 전반적으로 산만해 보인다.
  * 아이에게 뭔가를 시킬 때 대체물(영상, 사탕, 좋아하는 장난감 등)
    을 자주 쓰게 된다.

  이처럼 자율성이 커지는 시기에 들어가면 부모는 점점 많은 에너
지를 쓰게 된다. 여기서 부모의 양육태도는 두 가지 방향으로 나뉜다.
아이의 자율성이 아이가 편하고 좋아하는 방향으로만 가지 않도록 단
호하게 알려 주는 부모와 그렇지 않고 휩쓸리는 부모가 그것이다.

  생후 20개월 전후의 아이는 세상에 대한 성숙도와 분별력이 매우
낮다. 이 시기에 부모는 아이가 걸어가면 걸어가게 하고, 안 하고 싶
다고 하면 안 하게 하고, 지루함을 느끼면 더 재미있는 것으로 이동시
켜 주고, 시행착오를 겪으며 힘들어하면 바로 제거해 주는 양육태도

가 필요한 게 아니다.

아이가 스스로 해야 하는 것은 스스로 하게 하고, 시행착오는 "다시 해 봐" 하며 촉진하면서 기다려 주고, 놀이가 짧으면 좀 더 길게 하도록 확장해 주고, 하기 싫다고 떼쓰고 울어도 "여기까진 해야 해" 하며 이끌어 주는 양육태도가 필요하다.

20개월 이후부터 사회화 준비를 위한 영양분 1위인 '자기 조절력'은 아이가 자기중심적이고 자극추구로만 가는 것에 대해 단호하게 훈육하는 것에서부터 저축된다. 우리가 하는 저축 또한 아주 작은 액수부터 차곡차곡 쌓이듯 '자기 조절력'의 영양분도 이렇게 작은 것부터 시작된다.

8. 책이나 장난감으로 하루 20분 이상 집중해서 놀아 준다

많은 부모들이 아이와 놀아 주는 방법에 대한 고민을 자주 털어놓는다. '설마 아이를 키우는 부모가 놀이방법을 모를 수 있을까?' 할 수도 있으나 이게 현실이다. 매년 300여 건이 넘는 부모들의 자유놀이 평가 과정에서 개월 수나 연령에 맞게 놀아 주는 부모는 약 40% 미만이다. 아이가 3세가 되었는데도 12개월 이전 아이처럼 놀아 주거나, 5세 아이임에도 편법에 대한 훈육도 없고, 시행착오를 부모가 대신 해결해 주는 상황이 빈번하게 발생한다.

이렇게 되면 부모와 아이의 상호작용 수준도 낮아져서 정서교류에도 부정적인 영향을 준다. 36개월 미만의 영유아는 부모가 자신의 이야기를 들어 주고 공감해 주는 정서교류가 충분히 필요하다. 이를 바탕으로 그 이후 자기 조절력을 길러 주는 시기에 들어갔을 때 영양분 역할을 하게 되는 것이다.

그렇다면 안정적인 정서교류를 도와주는 하루 20분 놀이방법은 어떤 것일까?

* 아이가 골라 오는 장난감 하나에 15~20분은 충분히 놀아 주자

- 블록을 골라 왔다면 블록으로 집을 지어 보고, 동물 친구들과 함께 파티를 하는 놀이 확장을 시켜 준다. 이 과정에서 놀이가 깊어지고 아이는 충분히 집중하고 상상하게 되면서 성취감이 높아진다. 대부분 아이가 잠깐 놀다가 다른 놀이로 이동하면 함께 따라가는데 놀이 확장을 통해 자기 조절력을 키워 주도록 하자.

* 역할놀이를 하자

- 부모는 호랑이, 토끼, 경찰 아저씨, 공주님, 왕비님 등의 다른 역할로 아이와 충분히 놀아 준다. 이 과정에서 아이는 부모와의 친밀감은 물론 부모와 충분히 재미있게 놀았다는 정서적 충만감이 생기게 된다.

* 책을 성우 더빙처럼 재미있게 읽는 놀이를 하자

- 책 내용에 감정을 실어서 실감나고 재미있게 읽어 주면서 아이와 재미있고 흥미 있는 책 읽기가 되도록 한다. 이는 아이와 부모 간 친밀한 정서적 교감을 쌓아 가는 데 많은 도움이 된다. 뿐만 아니라 어휘력, 상상력, 집중력 등의 안정적인 성장을 도와준다.

* 놀이 속에서 작은 규칙을 만들어 아이가 규칙을 지키는 힘이 생기도록 준비하자
- 무한한 자율성만 있는 놀이는 생각보다 성취감이 덜하다. 아이의 자유놀이 시간을 제외하고 부모와 놀이할 때는 블록 10층까지 쌓기, 엄마 한 번 아이 한 번 쌓기, 노란색 블록만 쌓기, 장난감 트럭에 모두 실어 나르기 등의 작은 규칙을 만들어서 지키도록 이끌어 준다.

* 세상에서 가장 유치하게 놀아 주자
- 아이의 놀이는 어른의 눈높이만큼 체계적이지 않아도 된다. 수영을 하다가 갑자기 하늘을 날 수도 있고, 우주로 떠날 수도 있고, 우주에서 친구와 블록 쌓기를 할 수도 있다. 오히려 매우 유치해지면 아이가 조금씩 체계를 잡아 가게 되고 부모는 그런 아이의 생각을 칭찬해 주면 된다.

* 공놀이나 게임놀이에서 일부러 져 주는 행동은 하지 말자
- 유난히 승부에 집착하거나 자신이 1등 하지 않으면 아예 시작도 하지 않으려는 아이들이 있다. 이럴 경우 부모는 아이에게 놀

이 규칙대로 정정당당하게 도전해서 승부를 수용하도록 가르쳐야 한다. 즉, 놀이결과에 대해 이길 때도 있고, 질 때도 있음을 단호하게 가르쳐야 하는 것이다. 처음에는 많이 힘들어하고 울기도 하지만 아이는 점점 승부에 집착하는 것을 내려놓기 시작한다. 그 과정에서 아이의 힘들어하는 모습을 견디는 것도 부모의 성장 과정임을 잊지 말자.

9. 훈육을 할 때 짜증이나 화를 내지 않는다

부모에게 가장 난제인, 훈육에서 알면서도 가장 어려운 것이 화 조절이다. 아이가 부모 뜻대로 행동하지 않거나 상황에 맞지 않는 언행을 했을 때 부모는 내면에서부터 올라오는 화를 통제하기가 그리 쉽지 않다. 내 말을 무시하는 것 같고 한편으로는 우리 아이가 이렇게 자라면 안 된다는 우려도 섞이면서 잔뜩 힘이 들어가기 마련이다. 하지만 훈육을 할 때 화를 내는 건 과연 효과가 있을까? 답은 간단하다. 거의 없다.

부모가 훈육 시 화를 내면 아이는 화내는 부모의 모습에만 집중한다. 즉, "엄마가 화를 냈어!"가 전부다. 그 상황을 이해하고 다시는 그러지 않겠다고 반성을 하기보다 자신에게 화를 낸 부모의 감정에 집중한다. 개월을 막론하고 훈육에서 가장 중요한 두 가지 요소는 일관성과 단호함이라고 해도 과언이 아니다. 일관성과 단호함은 부모가 화를 내지 않으면서도 안정적으로 훈육할 수 있는 힘을 실어 준다.

그렇다면 짜증이나 화를 내지 않고 훈육하기 위해서는 어떤 노력이 필요할까?

* 아이 행동에 대해서 5초 이내로 단호하게 말한다
- 행동을 하지 않아야 하는 이유에 대해 설명하거나 이것저것 길게 말하면서 행동을 멈추도록 했을 때 그리 쉽게 통제되지 않는 경우가 많다. 그렇다면 5초 이내로 훈육하는 건 어떤 것일까? 예를 들어 식탁을 자꾸 두들기는 행동을 하는 아이에게 "그만, 두들기지 않아" 하고 말해 준다. 5초 이내로 단호하게 말하되, 감정을 섞지 않는다. 아이가 행동을 멈출 때까지 단호하고 힘 있게 훈육을 반복해 준다.

* 화나 짜증을 냈을 때 아이에게 부모 감정에 대해 설명해 준다
- 아이의 어떤 행동에 대해서 화가 났는지, 다음엔 그렇게 하지 않았으면 하는 마음을 전달한다. 아이는 부모의 화나 짜증에 대한 이유를 듣게 되면 훨씬 더 그 상황에 대한 이해나 반성이 빠르다. 즉, 화나 짜증을 던지는 게 아니라 설명해 주는 것이다.

* 아이가 말을 안 듣는다고 느낄 때, 부모를 무시한다는 생각으로 연결하지 않는다
- 부모가 자존감이 낮아져 있을 때 아이가 부모 말을 무시하고 말을

안 듣는다고 느끼면 더 크게 화를 낼 수 있다. 심리적으로 그런 아이를 반드시 혼내야 한다는 생각이 절실해지게 되는 것이다. 결국 아이는 화내는 부모 모습만 기억하기 때문에 훈육의 힘이 약해진다.

* 아이가 해야 하는 일을 안 하려고 하거나 떼를 쓰면, 말하고 기다리기를 2회 반복한다

- 장난감 정리를 안 하는 아이에게 "장난감 정리하자"라고 말한 후 1분을 기다린다.
- 다시 똑같은 어조로 "장난감 정리하자"라고 말한 후 1분을 기다린다.
- 그래도 하지 않고 아이가 다른 놀이나 행동에 몰입하고 있으면 즉각 행동을 끊어 주고 장난감을 정리하도록 이끌어야 한다.
- 이때 화를 내지 않고 똑같은 어조로 말하는 걸 잊지 않아야 한다.

* 아이에게 행동을 하도록 말할 때 표정이 일그러지거나 화난 표정이 되지 않게 유의한다

- 표정과 말투가 똑같이 단호하도록 힘 있게 훈육해야 한다. 말은 단호하고 부드러우나 표정이 화가 나 있다면 화를 낸 것과 같다. 아이는 우리가 생각하는 것보다 엄마의 감정을 빨리 흡수한다. 말과 행동이 단호하다면 표정도 단호하도록 노력하자.

* 아이 행동에 대해 잘잘못을 교육하기보다 알려 준다는 생각으로 훈육한다

- 아이가 하는 실수나 행동에 대해 잘잘못을 가르치려고 하지 말자. 즉, 밥을 먹을 때 장난을 치는 행동을 하는 아이에게 "그러면 돼요, 안 돼요?"라고 말하는 부모님이 많은 것 같다. 그냥 "밥 먹을 땐 장난치지 않아" 하고 깔끔하게 말하면 된다. 아이가 밥 먹는 행동에 집중할 때까지 일관되고 단호하게 "밥 먹을 땐 집중하자" 하고 훈육하면 된다.

10. 아이를 키우는 일이 보람되고 행복함을 인식한다

부부는 30년 가까이 서로 다른 환경에서 살아왔고 오직 자신만을 위한 삶을 살아오다가 한 아이의 부모가 된다. 임신을 하고 아이를 키우게 되면서 삶의 패턴도 완전히 뒤바뀌게 된다. 갓난아이를 먹이고, 재우고, 씻기는 과정은 생각보다 많은 시간과 노력이 들어가고 호락호락하지 않다. 엄마, 아빠의 하루를 편하게 허락하지 않고 심지어 밥 먹을 시간조차도 주지 않을 때도 많다. 잠은 쪽잠을 자야 하고, 아이가 깨면 벌떡 일어나서 아이를 위한 보살핌을 해 주어야 한다. 이때부터 갑자기 밀려오는 회의감과 자주 만나게 된다. '내가 지금 뭘 하고 있는 걸까? 다람쥐 쳇바퀴 돌듯 매일 반복되는 일상과 고단함의 연속이야' 라는 생각으로 부쩍 자신감도 없어진다. 나를 단장하고 챙길 시간도 부족하고 경제적으로도 아이를 위한 물품이나 생활용품을 사느라 나를 위한 물건을 사는 것도 미룬다. 그렇게 지쳐 갈 때쯤, 아이가 까르륵 웃어 주면 언제 그랬냐는 듯 세상을 다 가진 것처럼 행복해지기도 한다. '그래, 이렇게 사랑스러운 아이를 낳아서 키우고 있는 게 얼마나 행복한 일인지 잠깐 잊고 있었구나' 하며 다시 한번 채찍질하게 된다. 처음 부모가 되어 아이를 키워 본 부모라면 누구나 이 과정을 공감할 것이다. 왜냐하면 모두 그 길을 비슷하게 걸어왔기 때문이다.

그렇다면 아이를 키우는 일이 보람되고 행복하게 인식되기 위해서는 어떤 노력이 필요할까?

* 아이가 나에게 온 것에 대해 감사한 마음을 가진다

- 갓난아이를 키우려면 24시간 일해야 한다. 하나부터 열까지 손과 마음이 가야 한 아이를 키워 낼 수 있기 때문이다. 그만큼 아이가 태어나서 하루하루 자라는 과정에 대해 깊이 감사한 마음을 갖는 것은 매우 중요하다.

* 아이의 발달을 잘 이해하고 눈높이를 맞춘다

- 아이 발달단계에 대한 이해는 육아의 가장 중요한 요소이다. 몇 개월까지는 어떤 놀이를 해야 하고, 몇 개월부터는 어떤 과업을 하도록 이끌어 줘야 하는지 충분히 공부하면서 중요한 것들을 놓치지 않도록 한다.

* 매일 반복되는 패턴에서 자기만의 시간을 1시간은 꼭 가진다

- 독서나 음악을 듣거나 운동을 해도 좋다. 온전히 자신으로서 생각하고, 행동하고, 성취하는 시간을 통해 심리적 안정감과 성취감을

갖도록 한다. 이는 아이를 키우는 데 중요한 영양분이 된다.

* 아이와 마주하는 시간에는 부드럽게 말하고 미소를 지어 주는 습관
을 기른다
- 아이는 옹알이나 다양한 소리를 내며 자기표현을 한다. 부모는 아
이 소리에 반응해 주고 미소 지어 주는 행동을 통해 아이와 공감
을 시작하게 되는 것이다.

* 아이에게 올인해서 쓰는 시간을 1~2년으로 잡고 나보다는 아이를 위
한 시간으로 약속되었다고 생각하자
- 문득문득 나를 위한 시간이나 생활이 없는 것에 대해 우울한 감정
이 들 수도 있다. 이를 예방하기 위해 어차피 1~2년은 나보다는
아이를 위해 약속된 시간이라는 인식을 하며 힘을 내는 것이다.

* 부양육자와 정확히 일을 분담하여 각자의 역할에 합리적으로 집중하
도록 구조를 짠다
- 부양육자는 아이 목욕, 분리수거, 설거지, 이유식 만들기 등을 분
담하여 주양육자가 아이 양육으로 인해 지치지 않도록 신경 써야
한다. 서로의 역할에 대한 책임을 지고 미루지 않아야 하며, 잘되
지 않더라도 비난하기보다는 격려해 주는 노력이 필요하다.

* 아이와 함께 주기적인 여행을 한다
- 우리가 상상하는 것보다 아이는 집 아닌 다른 곳에서의 경험을 매

우 적극적으로 받아들인다. 양육자도 정서적인 이완이 되지만 아이 또한 즐거운 경험이 될 수 있으므로 주기적인 계획을 짜서 정서적인 성장을 위해 노력하자.

* 아이와 함께하는 즐거운 놀이시간을 갖자
- 아이가 가장 좋아하는 놀이 2~3개를 찾아내어 번갈아 가며 매일 20분씩 충분히 놀이해 준다. 이는 아이와 양육자의 정서교류가 충분히 이루어지고 아이의 정서. 신체 발달에 매우 긍정적인 작용을 한다. 땀이 나고 지치고 힘들더라도 20분은 힘을 내 보자.

* 매 순간 내가 아이를 잘 키우고 있는지 걱정된다면 하루하루 최선을 다하고 있는지 질문해 보자
- 부모로서 아이를 잘 키우고 있는지 걱정되는 마음은 누구나 같을 수 있다. 하루하루 최선을 다해 집중하고 있다면 충분히 잘하고 있는 것이다. 아이 표정이 밝고, 신체도 건강하게 잘 크고 있다면 나의 땀과 노력의 결과라고 인식하고 칭찬해 주자.

* 내가 행복한지, 내가 나를 사랑하고 있는지 점검하자
- 부모로서 나 자신을 얼마나 사랑하고 있는지, 현재 삶에 대한 만족도가 높은지에 대해 고민하고 노력해야 한다. 부모의 정서는 아이에게 그대로 흡수되어 아이의 애착이나 정서에 매우 밀접한 영향을 미치기 때문이다. 만일 내가 나를 사랑하는 마음이 적거나 행복하지 않다면 그걸 채우기 위해 노력하는 마음이 중요하다.

제2장

생후 21개월부터 36개월까지는
자기 조절력을 길러 주는 결정적 시기다

생후 20개월까지 자기 조절력의 영양분을 충분히 주었다면, 이제는 그 에너지를 함축하여 실전처럼 뛰어야 하는 시기다. 20개월까지 얼만큼 많은 힘을 비축하고 땀을 흘렸는지는 21개월부터 서서히 윤곽이 드러나기 시작한다. 갑자기 아이의 떼쓰기가 시작되고, 징징거림이 많아지고, 자기 마음대로 하려는 행동들이 점점 늘어난다. 부모는 이때부터 작은 손으로 꼼지락거리며 옹알이를 하던 아이가 그리워진다. '갑자기 아이가 왜 이러지?' 하면서 육아 정보를 폭풍 검색하기 시작한다. 너무 많은 정보와 무분별한 자료들이 인터넷에 떠돌아다닌다. 그래도 나름 검증된 자료들만 검색하며 우리 아이의 행동에 대해 확인하고 싶은 심리가 발동한다. 주변 아이들과 비교하며 우리 아이가 혹시 부족한 게 있는지, 발달은 제대로 되고 있는지 관심이 높아진다.

마치 100m 달리기 출발선에 서서 '탕' 하는 출발 신호와 함께 달리기를 시작하는 것 같다. 어떤 아이는 뛰기 시작하고, 어떤 아이는 누워서 옴짝달싹하지 않는다. 어떤 아이는 기어가고, 어떤 아이는 울고 있다. 심지어 어떤 아이는 엄마를 찾으며 한 발짝도 못 떼며 울고 있다. '아이구, 우리 아이가 왜 저럴까? 그렇게 땀 흘려 가며 금이야 옥이야 키웠는데 왜 저러고 있는 거야.' 마음에서부터 외마디 비명이 들려온다.

아이들의 발달속도는 아이마다 다르다. 아이는 자신의 개월 수에 맞게 발달과업을 얼마나 잘 채우는가에 따라 균형 잡힌 성장을 하게 된다. 예를 들어, 언어발달이 시작되어 짧게 '엄마', '아빠', '까까', '할미', '물 줘' 등을 말하는 아이에게 스스로 표현하는 기회를 많이 주지 못한다면 어떻게 될까? 아이의 언어발달이 또래보다 지연됨을 점점 확인하게 된다. 소근육을 한창 발달시켜야 하는 시기에 아이가 짜증을 내며 도움을 청할 때마다 도와준다면 어떻게 될까? 또래보다 소근육 발달이 지연되어 가위질, 연필 잡기, 자조행동 등에서 속도가 느려진다. 겁이 많아 놀이터에서 불안한 얼굴로 엄마 옷자락만 잡고 있는 아이에게 매번 도움을 준다면 어떻게 될까? 또래들은 놀이터를 종횡무진 뛰어다니며 행복한 시간을 보낼 때 혼자 겁에 질려 엄마 없이는 또래와 어울릴 수 없게 된다.

이 시기 부모가 아이에게 해 주어야 하는 양육 방법에 대한 점검을 한번 해 보기로 하자. 부모로서 다음 항목 10개 중 몇 가지를 실행하고 있는지 확인해 보고 부족한 부분을 채울 수 있길 바란다.

생후 21개월부터 36개월까지의 부모 체크 리스트

1. 자조행동을 최대한 늘린다.

2. 떼쓰기에 대한 반응을 0으로 하자.

3. 아이가 할 수 있는 일은 침범하지 않는다.

4. 뜻대로 되지 않는 것도 있음을 정확히 알려 준다.

5. '내가 최고, 내가 먼저'라는 생각에서 벗어나도록 도와준다.

6. 아이가 할 말을 부모가 대신해 주지 않는다.

7. 아이와 함께 밥을 먹는다.

8. 아이의 요구를 즉각 들어주기보다 지연시킨다.

9. 아이 놀이에 대한 확장을 해 준다.

10. 훈육 방법에 대해 잘 알고 있는지 스스로에게 질문해 본다.

1. 자조행동을 최대한 늘린다

20개월까지 아이가 할 수 있는 자조행동은 모두 아이에게 넘겨줘야 한다. 아이는 20개월이 지나면서부터 밥을 스스로 먹을 수 있고 컵으로 물도 마실 수 있다. 다만 서투를 뿐이다. 아이는 신발도 신어 보고 싶고, 양말도 발에 끼워 보고 싶다. 치약을 다 먹더라도 양치질을 스스로 해 보고 싶어 한다. 이렇게 하고 싶은 게 많은 아이에게 부모는 선물을 줘야 한다. '이제 스스로 해 보자' 하는 생각과 말이 바로 그 선물이다. 아이는 부모가 기회를 준 만큼 성장하고 발달한다. 특히 자조행동은 자기 조절력의 가장 1단계에 있는 매우 중요한 요소다. 이 시기 많은 부모들이 아이가 힘들어하면 빨리 가서 밥을 먹여 주거나 신발을 신겨 주거나 장난감 뚜껑을 즉각 열어 주는 데 집중한다. 20개월이 지난 아이에게는 시행착오는 최고의 학습 기회며, 성장기회다. 부모가 즉각 도와준다는 것은 아이의 발달과업을 부모가 빼앗아 오는 것이나 마찬가지다. 단순히 아이의 징징거리는 표현을 고통이라고 인식하기보다 다양한 표현 중 가장 빨리 부모의 도움을 받는 방법을 터득했다고 이해하면 맞다.

그렇다면 20개월부터 30개월까지 할 수 있는 자조행동에는 어떤 것들이 있고 아이가 스스로 할 수 있도록 어떻게 기회를 줘야 하는지 알아보자.

*밥을 흘리더라도 스스로 먹도록 하자
- 잘 안 먹는다며 계속 떠먹여 주거나 아이가 원하는 대로 반찬을 계속 만들어 주게 되면 식습관에서 의존성이 생긴다.
- 부모는 아이와 함께 밥을 먹으며 모델링을 해 주는 역할을 해야 한다. 아이 밥에만 집중해서 계속 간섭하고 떠먹여 주는 것은 아이 스스로 먹을 수 있는 기회를 점점 빼앗아 버리는 행동이다.
- 밥 먹는 중간에 장난을 치거나 돌아다니는 행동을 하면 즉각 행동을 끊어 주고 밥에 집중하도록 한다.

*신발을 스스로 신어 보도록 하자
- 20개월 전후 아이가 신발을 제대로 딱 맞게 신기는 어려울 수 있

다. 부모는 아이 발이 불편하지 않게 꼼꼼하게 매번 신겨 준다. 그러면 아이는 먼 산을 바라보며 '신발을 신었구나' 정도만 느끼게 된다. 처음부터 완벽하게 신는 것을 목표로 하기보다 부족하더라도 신발을 스스로 신어 보는 기회를 주는 것부터 시작해야 한다.

- 25개월이 지나면 서서히 신발을 스스로 신어야 한다는 것을 인식시켜 줘야 한다. 아이가 잘 안 된다며 짜증을 내고 엄마, 아빠 손을 끌고 가서 도와 달라 해도 "스스로 신어 봐" 하며 기다려 주는 용기가 필요하다.

- 미흡하지만 신발을 스스로 신었을 때 "○○이가 신발을 혼자서 잘 신었구나" 하며 아이의 도전 행동에 대해 칭찬해 준다. 아이는 이때 스스로 뭔가를 해냈다는 것에 성취감을 느끼며 자신감을 채워 간다.

* 장난감 뚜껑 등을 스스로 열어 보도록 기다려 준다

- 아이는 놀이 속에서 소사회를 배우고 세상 속에서의 자신의 위치를 배워 나간다. 그 과정에서 아이에게 시련이 닥친다. 바로 마음대로 안 열리고, 안 끼워지고, 자꾸 쓰러지는 상황이 발생한다. 아이는 점점 짜증을 내기 시작하고 불쾌감을 느끼며 부모를 찾는다. 부모는 아이가 힘들어한다는 생각이 들면서 빨리 고통을 없애야 한다는 생각이 즉각 발동하는데, 제발 기다려 주자. 아이는 한번 의지해서 도움을 받게 되면 다음에 그 행동에 대한 자기 조절력을 쓰지 않는다. 그래서 소근육 발달 또한 조금씩 더디게 성장하게 되는 것이다.

- 아이가 힘들어해도 부모는 아이가 그 과정을 이겨 낼 수 있도록 짧고 단호하게 말하고 기다려 준다. 아이가 결국 해냈을 때 "○○이가 혼자서도 할 수 있었구나" 하고 합리적으로 행동을 읽어 준다. 아이가 느끼는 성취감은 우리가 상상하는 것보다 훨씬 크고 탄탄하다.

* 장난감이나 책을 정리하도록 한다
- 아이가 장난감을 쏟아서 산처럼 쌓아 놓거나 놀이가 끝난 후 정리하지 않는다면 부모가 나설 차례다. 아이가 모든 장난감을 다 정리하는 건 어렵겠지만, 아이가 어떤 걸 정리할 수 있는지 물어보고 그것부터 스스로 정리하도록 이끌어 주자.
- 아이는 점점 장난감을 정리해야 한다는 것을 능동적으로 획득해 가고 놀이 후에 자기 조절력을 자연스럽게 쓰게 된다. 단순한 정리로만 생각하기보다 아이 스스로 할 수 있고, 해야 하는 것에 대한 자조행동임을 기억하자.

* 옷을 스스로 입어 보도록 기회를 준다
- 20개월 전후의 아이가 스스로 깔끔하고 완벽하게 옷을 입는다는 건 어려울 수 있다. 돌려 입거나 거꾸로 입더라도 머리만 끼워 주고 두 팔을 넣어 보도록 연습을 시키자. 바지는 다리 넣기 놀이를 통해 스스로 옷을 입는 능력을 획득해 가도록 기회를 주자. 생각보다 아이는 몇 번의 연습을 통해 더 정교하게 꼼꼼하게 자신의 옷을 입게 된다.

- 부모는 아이가 못할 것이라는 생각이 강하게 있고, 20개월이 지나도 6개월 때 도와줬던 행동을 그대로 하고 있는 경우가 많다. 아이 발달과업을 이해하고, 발달 개월에 맞게 부모도 함께 성장해야 한다.

* 휴지는 휴지통에 버리도록 기회를 준다
- 아이는 부모의 기대 이상으로 한번 가르쳐 주면 휴지를 아무 데나 버리지 않는다. 스스로 휴지는 휴지통에 버려야 한다는 걸 기억하고 행동으로 옮길 때 자신감도 상승하고 자기 조절력도 점점 커가는 것이다.
- 아이가 휴지를 휴지통에 잘 버리면 부모는 "○○이가 휴지를 잘 버렸네" 하며 합리적으로 칭찬해 준다.

* 길을 가다가 아이가 힘들다며 "안아 줘" 할 때 즉각 안아 주지 않는다
- 아이가 힘들 때마다 "안아 주세요" 하거나 "도와주세요"라고 하는 건 당연하다. 그때마다 즉각 바로 안아 주기 시작하면 아이는 조금만 힘들어도 자기 조절력을 쓰려고 하지 않는다. 계속 징징거리며 발을 동동 구르기도 하면서 부모에게 안아 달라고 악을 쓴다. 이때 부모는 아이가 얼마나 힘들면 이렇게까지 안아 달라 할까 생각하며 즉각 안아 주기 시작한다. 그래서 점점 안아 주는 빈도는 늘어나게 되고 아이는 걷기보다 떼를 쓰거나 울어서 부모에게 안기는 방법을 선택하게 된다.
- 부모는 아이가 조금 울더라도 안아 주는 걸 지연시키며 "저기 엘

리베이터 앞까지는 스스로 걸어가는 거야. 그 다음에 엄마가 안아 줄게"라고 말하는 게 좋다. 즉, 제한 두기를 통해 아이가 어느정도는 자기 조절력을 쓰게 하고 나머지는 정서적인 안정감을 주는 적절한 분배가 필요한 것이다. 전적으로 100% 고통을 덜어 줘야 한다는 압박감에서 빨리 벗어나도록 하자.

* 자조행동을 아이가 할 수 있다는 믿음을 가져야 한다
- 많은 부모가 걱정하는 것은 '우리 아이가 과연 저걸 할 수 있을까?' 하는 의문이다. 이러한 의문과 걱정은 아이를 점점 의기소침하게 만들고, 아이 스스로도 '나 못해' 하는 마음을 배워 가게 된다.
- 자조행동은 아이 발달에 있어서 가장 먼저 부모가 아이에게 역할을 넘겨줘야 하는 기초단계다. 이 단계에 대한 자기 조절력이 없으면 아이가 그다음 단계에서 성장이 더디거나 미성숙해질 수 있음을 기억해야 한다.

2. 떼쓰기에 대한 반응을 0으로 하자

20개월 전후 아이는 '나'라는 존재에 대해 인식하기 시작한다. 지능 수준이 높은 아이는 자신에게 유리하게 행동하는 법에 집중하기 시작한다. 즉, 하고 싶은 건 많고, 하기 싫은 것 또한 정말 많은데 어떻게 하면 자신이 원하는 대로 할 수 있을지 상황을 재기 시작한다. 이때 부모는 원래 우리 아이가 어떤 성향인지 파악하기 어렵기 때문에 아

이가 요구하는 것을 빨리 들어줘야 한다는 생각이 강하다. 아이는 이렇게 부모가 알아차리기도 전에 이미 부모를 파악하고 자신이 어떻게 하면 하고 싶은 것만 할 수 있는지 몰입한다. 다양한 경험 안에서 아이가 결국 가장 강하다고 생각하는 힘은 역시 울면서 마구 떼쓰기라는 것을 얼마 지나지 않아 터득하게 된다. 부모는 아이의 울음이나 떼쓰기를 일명 '고통'이라고 인식하는 오류를 범한다. 하지만 여기서부터 매우 큰 고통의 순간들이 기다리고 있다는 것을 알아차리자.

이 시기에는 아이가 원하는 대로 잡풀을 제거하고 돌을 골라내며 걸어가는 게 아니다. 아이 스스로 잡풀을 제거하고 돌을 골라내도록 부모는 아이에게 견디는 시간과 시행착오를 경험하도록 기회를 주는 것이다. 아이는 물론 풀이 안 뽑힌다며 징징거리기도 하고, 떼를 쓰며 드러눕기도 할 것이다. 그렇다고 "그래, 풀은 나중에 뽑으면 되지. 뽑지 않아도 돼"라고 한다면 아이는 점점 하기 싫은 상황이나 주제 앞에서 떼를 쓸 수밖에 없다.

그렇다면 이럴 때 부모는 어떻게 훈육해야 할까?

* 아이가 갑자기 큰 소리로 울며 떼쓸 때
- 아이는 강화된 자신만의 카드로 '울음'을 선택할 때 갑자기 악을 쓰며 우는 특징을 보인다. 이는 부모가 빨리 자신의 요구사항을 들어달라고 하는 강력한 메시지다. 이때 부모는 아이가 어떻게 될 것 같은 불안감에 휩싸이며 결국 아이의 요구사항을 들어주게

된다. 아이에게 당당하게 말하자. "울지 않아도 돼. 그래도 해야
해"라고 5초 이내로 단호하게 말해야 한다.

- 이 상황에서 꼭 기억해야 할 것은 '말하고 1분 기다리기' 원칙을
꼭 지켜야 한다는 것이다. 즉, "울지 않아도 돼. 그래도 해야 해"라
고 말한 후 1분 동안 기다린다. 그리고 아이 스스로 갈등하고 부
모의 반응을 살피며 생각하는 시간을 주어야 한다. 이 과정을 반
복하면서 아이 스스로 우는 행동을 멈추도록 해야 한다.

- 아이가 울음을 멈추면 이때가 매우 중요한 훈육 타이밍이다. "다 울
었구나. 다음에는 울지 않고 하는 거야" 하며 훈육을 마무리한다.

- 이 과정을 일관되고 단호하게 잘해 내면 아이는 점점 울고 떼쓰는
행동을 버리기 시작하고 기적처럼 떼쓰기가 줄어든다. 왜냐하면
자신의 요구사항이 받아들여지는 데 있어 '울음'은 힘이 없다는
것을 알아냈기 때문이다.

 * 떼를 쓰며 자신을 때리거나 타인을 때릴 때

- 떼를 써서 자신이 원하는 대로 했던 경험이 있는 아이는 자기 마
음대로 안 되는 순간에 정서적 민감성이 폭발적으로 상승한다.
이때 갑자기 부모를 때리거나 장난감을 던지거나 심지어 자신을
때리기도 한다. 이러한 행동언어의 훈육은 타이밍이 매우 중요하
다. 그 행동이 나타나면 즉시 2초 이내에 행동을 끊고 "던지지 않
아", "때리지 않아" 하고 말해야 한다. 10번이라도 똑같이 행동을
끊어 주며 5초 이내로 단호하게 말해야 한다. 그러면 아이는 결국
그 행동을 멈추고 그냥 울거나 다른 행동으로 자연스럽게 넘어가

게 된다.

- 이렇게 때리는 행동에 대한 훈육 타이밍을 놓치게 되면 유치원이나 어린이집에서 다른 아이를 때리거나 장난감을 던지는 등의 행동으로 이어질 수 있다. 그래서 부모는 집중해서 이 행동에 대한 훈육타이밍을 놓치지 않도록 해야 한다.

* 자신을 때리며 떼를 쓸 때

- 부모가 떼쓰는 행동을 훈육하지 못하거나 이리저리 끌려다니는 양육을 했을 경우 아이는 점점 떼쓰는 강도나 횟수가 증가한다. 처음에는 단순히 징징거리며 떼쓰기를 하다가 점점 타인을 때리거나 자신을 때리기도 한다. 그 과정이 지속되면서 심해지면 민감성이 증가하여 결국 더 많은 요구사항을 즉시 해 달라고 한다. 이마를 땅에 찧기도 하고, 손으로 매우 강하게 자신을 때리는 행동도 서슴지 않는다. 이런 모습을 지켜보는 부모는 아이가 너무 폭력적으로 크지 않을까 노심초사하며 요구사항을 빨리 들어주게 된다. 이런 양육태도를 보이는 부모님을 면담해 보면 "아이가 성격이 나빠지면 어쩌나 하는 마음에 요구사항을 들어 주려고 한다"라고 말한다. 하지만 결과는 정반대일 수 있다. 오히려 부모가 용기를 내어 아이의 행동을 2초 내로 막아야 하고 "때리지 않아. 아파!"라고 단호하게 말해 줘야 한다. 10번을 반복하더라도 당황하지 말고 일관되게 아이의 행동을 멈추며 "때리면 아픈 거야" 하고 말해 준다. 이미 때렸거나 머리를 찧은 상태라면 2초 내로 "머리 찧으면 아파. 그만"이라고 단호하게 말해 준다.

* 아이가 우는 소리를 내지만 눈물이 전혀 나지 않을 때

- 아이가 울음소리는 큰데 눈물이 전혀 나지 않는 것을 '강화 행동' 이라고 한다. 자신이 얼마나 괴로운지, 힘들어하는지 알리고 싶은 마음에 큰 소리로 울지만 눈물이 쉽게 나지 않는다. 부모는 아이의 울음소리 자체가 괴로워 달래거나 다른 대체물을 주려고 노력한다. 하지만 '이거 하면 이거 해 줄게', 또는 '이거 안 하면 이거 못 해' 등의 대체물은 훈육에서 가장 먼저 버려야 하는 것임을 기억하자.

- 부모들이 가장 많이 하는 행동으로는 밥을 먹지 않는 아이에게 만화영화를 보여 주는 것이다. 이런 대체물은 결국 아이의 발달과업 수행을 방해하는 것이며, 아이는 지속적으로 만화영화 없이는 발달과업을 성장시키지 않으려고 한다. 부모는 이를 악물고 만화영화와 밥 먹기를 분리시켜 주어야 하고 떼쓰며 만화영화를 보여 달라는 아이의 요구를 들어주지 않는 게 좋다. 즉, "밥 먹자" 하며 지금 해야 하는 발달과업만 언급해 주며 아이가 집중하도록 한다. 만화영화를 보여 주고 싶으면 밥을 먹고 나서 잠시 휴식한 후 자연스럽게 "만화영화 한 편만 보자" 하고 말해 주면 된다.

3. 아이가 할 수 있는 일은 침범하지 않는다

앞에서 말한 바와 같이 20개월에서 30개월의 아이는 일생에 있어 매우 빠른 성장을 하는 시기다. 언어도 배워야 하고, 자조행동도 발달

시켜야 한다. 스스로 해 볼 수 있는 일도 점점 많아진다. 언어를 빨리 획득한 아이는 부모와 또래의 말을 매우 빠르게 모방하거나 저장하기 시작한다. 동화책이나 만화영화에서 나왔던 다양한 말들도 저장해 놓았다가 자신이 생각날 때 쓰기 시작한다. 세상이 너무 신기하고 하고 싶은 것도 많아서 매우 바쁘다. 밖에 나가면 뛰어다니고 무조건 직진한다. 아무거나 만져 보며 어떤 느낌일까 생각도 해 본다. 엄마가 만지면 안 된다고 해도 만지고 싶다. 아이는 앞으로 직진하며 하루 종일 에너지를 확장해 간다.

이 시기에 불안이 높은 부모는 아이 행동 하나하나를 간섭하고 대신해 주며 아이가 탐색하거나 도전해 볼 수 있는 기회를 빼앗기도 한다. 아이가 놀이할 때 장난감을 대충 만져 보고 다른 놀이로 넘어가도 확장해 주지 않고 아이만 계속 따라다닌다. 아이가 해 달라고 하는 요구사항에 집중하며 꼭두각시처럼 아이 지시에 따르는 데 집중한다.

아이에게 중요한 시기를 이렇게 보내지 말자. 부모는 아이가 점점 커 가고 있다는 걸 인식하고 그에 맞게 발달과업을 넘겨주는 데 집중해야 한다.

*편한 신발로 바꿔서 스스로 신어 보게 한다
- 너무 복잡하거나 꽉 끼는 신발은 아이가 스스로 신발 신기에 도전하기 어려울 수 있다. 아이가 힘들어하면 부모가 자연스럽게 도와주게 되고 점점 다른 신발을 신을 때도 의지하게 된다. 자기 조

절력을 써야 함에도 항상 부모가 도와준 경험이 있기 때문에 자기 조절력을 쓸 의지가 생기지 않는다.

- 신고 벗기 편한 신발로 스스로 신고 벗어 보는 기회를 주는 노력이 필요하다. 24개월이 지나면 아이는 신발을 신을 수 있는 충분한 소근육과 정교성이 생긴다. 그래서 더 이상 12개월 아이 대하듯 발달과업을 침범하지 않아야 한다.
- 아이는 우여곡절 끝에 스스로 신발 신기에 성공한 경험을 통해 높은 성취감을 느끼고 긍정적 자아와 탄력성을 기르게 된다.

* 지퍼 올리기나 단추 잠그기를 아이 스스로 해 보게 한다
- 지퍼를 맞춰 주고 아이가 스스로 위로 올려 보도록 한다. 또는 지퍼를 내려서 옷을 벗어 보는 경험을 준다. 단추 또한 잠그기 편한 옷으로 골라서 아이 스스로 잠그거나 풀어 보도록 기회를 준다. 이 과정에서 아이가 힘들어하면 10번이라도 스스로 하도록 격려해 주자. 아이는 스스로 발달과업을 성공시키며 하나씩 능력을 획득해 가게 된다. 계속 침범하고 도와주는 건 아이가 더 이상 성장하고 자라지 못하도록 부모가 그 안에 들어가 있는 것이다.

* 부모가 아이를 도와주는 침범을 버리지 않으면 아이 또한 절대 놓지 않는다
- 부모 불안으로 인해 아이의 발달과업을 지속적으로 침범을 하고 있다면 아이는 스스로 그 침범에서 빠져나오려고 하지 않는다. 자신도 자기 조절력을 써서 나오는 것보다는 훨씬 힘이 덜 들고

안정적이라고 느끼기 때문이다. 부모가 먼저 과감하게 아이의 손을 놓아야 한다. 아이 스스로 이겨 내고 시행착오를 겪으며 정서적인 독립을 위해 걸어가도록 해야 한다. 부모가 생각하는 것만큼 아이는 미숙하지 않으며 능력 또한 적지 않음을 기억하자. 아이는 부모가 단호하게 손을 놓을 때 비로소 혼자 걸어가도 되는구나 하는 안도감을 느끼며 정서적 독립을 시작하게 된다.

4. 뜻대로 되지 않는 것도 있음을 정확히 알려 준다

미리 언급한 바와 같이 20개월에서 30개월의 아이는 자기 주도성이 생애 처음으로 싹트는 시기에 있다. 그래서 하고 싶은 것도 많고 호기심이 상상을 초월할 정도로 폭발한다. 부모는 이 시기부터 아이가 그전과 다르다는 걸 인식하게 된다. 하지만 부모는 이러한 아이 발달과는 상관없이 그전의 양육패턴과 태도를 버리지 못한다. 매일 반복되는 일상과 육아를 하면서 지치기도 하고 마냥 우리 아이가 아기였을 때의 눈으로 보게 되기 때문이다.

하지만 아이는 20개월을 전후로 매우 빠른 속도로 커 간다. 자기 주도성이 싹트면서 떼도 늘고 호와 불호 중 호에 집중하며 자신의 의사를 강하게 표현하기 시작한다. 이때 부모가 중심을 잡지 못하고 아이의 호에 끌려다니는 양육태도를 취하게 되면 생각보다 육아의 큰 벽에 부딪히게 된다. 부모는 이때부터 우리 아이는 까다롭고 고집이 세다는 생각을 하게 된다. 수많은 매체에서 들은 기질을 대입할 때

'우리 아이는 예민하고 까다롭고 고집이 세다'는 나름의 기질평가를 뇌 속에서 정리한다. 현장에서도 순한 기질의 아이임에도 많은 부모들이 아이를 예민하고 까다롭고 고집이 세다고 호소하는 경우가 많은 것도 그런 이유다.

그렇다면 아이에게 뜻대로 되지 않는 것도 있음을 어떻게 알려 주고 훈육하면 좋을까?

* 아이가 울면서 의사표현을 할 때 요구사항을 들어주지 않는다

- 아이는 자신의 요구사항이 받아들여지지 않을 때 본능적으로 가장 발달된 울음, 징징거림, 떼쓰기 등으로 표현하는 게 일반적이다. 이 시기 부모 중 절반 이상은 이 상황을 매우 고통스럽게 느낀다. '아이가 얼마나 하고 싶으면 저렇게 울까!' 하는 마음이 지배적이다. 그래서 아이가 앞의 반응을 하면 바로 해 준다. 그러면 아이는 '아! 이렇게 울면 내가 하고 싶은 걸 얻어 낼 수 있구나!' 하고 생각한다. 그래서 마음 주머니에 꼭꼭 넣어 둔다. 그런 다음 그런 상황이 벌어질 때마다 그 주머니에서 꺼내 쓴다. 부모는 아이가 점점 떼쓰기가 늘어나고 통제가 안 된다는 위기감을 느끼게 된다.
- 아이가 이런 행동을 할 때는 요구사항을 들어주지 않아야 한다. 아이가 울 때 부모는 정확하고 단호한 말투로 "○○이가 운다고 오늘 장난감을 사 주지 않아. 그만 울고 받아들이자!" 하고 말해 준다. 물론 쉬운 일은 아니지만 해내야 한다.

* 아이가 반복해서 계속 말해도 안 되는 건 안 된다고 말해야 한다

- 아이가 부모가 괴로울 정도로 계속 자신의 요구사항을 말할 때가 있다. 이는 자신의 요구가 수용될 때까지 계속 말해서 얻었던 경험이 있기 때문이다. 아니면 대체물이라도 생겼던 경험이 있기 때문이기도 하다. 아이에 따라서는 자신의 뜻대로 되었던 경험이 누적되어 자기중심성이 높을 때 자기가 하고 싶은 말을 계속 반복하는 경우도 있다.

- 이때 필요한 것은 단호한 말투로 "한 번만 말해도 돼!", "○○이 마음은 이해하는데 오늘은 밖에 나갈 수 없어!" 하고 명확하게 알려줘야 한다. 가장 먼저 아이가 자신의 요구가 받아들여질 때까지 말을 하는 행동은 끊어 주는 게 필요하다. 그런 다음 아이 마음은 공감해 주지만 요구를 들어줄 수 없음을 정확히 제한해 주어야 한다.

- 부모에 따라서는 아이 말을 계속 들어주다가 화를 내거나 오늘 못 나가는 대신 만화를 보여 주는 등의 대체물을 주기도 한다. 하지만 가장 먼저 내려놓아야 하는 양육태도임을 기억하자.

* 작은 일에도 잘 못 한다며 도움을 요청할 때 부모는 뒤로 물러나야 한다

- 신발이 안 신어진다고 징징거리는 아이에게 부모는 "다시 신어봐" 하고 말하고 기다리는 게 가장 좋은 역할이다. "엄마가 발만 잡아 줄게" 등의 언어적, 행동적 침범은 결국 아이 스스로 자기 조절력을 쓰지 못하는 마이너스 양육이라는 걸 알아야 한다.

- 놀이를 하다가 블록이 잘 안 맞춰진다고 징징거리며 도움을 청하는 아이에게 부모는 "다시 도전"이라 말해 주고 기다려 준다. 아이

는 자기 조절력이 필요한 순간에 스스로 능력을 꺼내 써야 한다. 부모는 아이가 스스로 도전해서 문제를 해결할 수 있도록 가르쳐 주고 기다려 주는 노력이 필요하다.

* 아이가 주도하는 대로만 이끌려 다니지 않는다

- 아이는 자신이 유도한 대로 세상이 돌아가기를 바란다. 그래서 부모에게 "엄마, '토끼야 배고프지?' 하고 말해 봐" 등의 시키는 행동을 하기도 한다. "아빠, 아빠는 도둑이야. 나는 경찰이고. 내가 빵하면 쓰러져야 돼!" 하고 자주 말한다. 이 행동에는 매우 큰 핵심이 숨어 있다. 부모가 아이의 지시내용을 매번 그대로 따라 해 주었다는 뜻이다. 아이는 자신의 의견이 수용되는 경험이 많다 보니 그렇지 않았을 때의 민감성이 급격하게 올라가게 된다. 즉, 또래들은 자신의 요구를 들어주는 경우가 많지 않기 때문에 또래관계에서 불편감이나 부정적 인식이 커질 수 있다.
- 이때 부모의 역할은 어떤 것일까? "엄마는 '토끼야 우리 같이 놀자!' 하고 말하고 싶어. 엄마 마음도 소중하고 ○○이 마음도 소중해. 받아들이기 해 줘!" 하고 반응해 준다. "아빠는 의사가 되어 경찰을 치료해 주고 싶어. 아빠 마음도 소중하고 ○○이 마음도 소중해. 받아들이기 해 줘! 하고 말해 주도록 한다. 물론 아이는 처음에는 불편감을 느끼지만 점점 그 상황을 수용하게 되고, 더 이상 자기 마음대로 되지 않았다고 해서 민감성이 증가하지 않는다.
- 결국 부모가 아이의 자기중심성을 흔들어 주면서 아이의 정서적 민감성이 증가하지 않도록 최선을 다하는 게 좋다. 이러한 노력

은 아이의 자아 탄력성, 사회성, 타인에 대한 이해와 상황 적응력 등을 높여 주는 결과로 이어지게 될 것이다.

* 아이와 약속했으나 상황적으로 약속을 지키지 못할 때 감정적 공감, 사과, 수용을 동시에 가르쳐 준다

- 아이와 오늘 키즈 카페에 간다고 약속했는데 사정이 생겨 가지 못하는 상황이 생길 수 있다. 아이는 매우 실망하며 울 수도 있다. 이때 많은 부모들이 오늘 못 가는 대신 다른 걸 해 주며 아이를 달래는 데 집중한다. 하지만 이때 가장 필요한 것은 공감, 사과, 수용이다.

- 즉, "오늘 키즈 카페에 못 가서 ○○이가 많이 속상했구나! 많이 슬프고 속상할 것 같아! ○○이를 실망시키고 약속을 지키지 못해 엄마가 너무 미안해! 하지만 오늘은 엄마가 배탈이 나서 못 가는 거니까 받아들이기 해 주면 좋겠어!" 하고 말해 준다. 이것으로 엄마의 역할은 깔끔하게 끝난 것이다. 지나치게 달래거나 설명하거나 대체물을 주면서 부수적인 노력을 하지 않아도 된다. 결국 노력에 비해 아이에겐 그리 큰 역할을 하지 못하기 때문이다.

- 결국 부모의 약속 불이행이나 행동 실수 등으로 인해 발생하는 아이 감정 훈육은 공감, 사과, 수용의 공식을 기억하면 좋겠다.

* 승부 결과에 대한 수용과 균형을 가르쳐 주자
- 20개월에서 30개월의 아이는 무엇이든 할 수 있을 것 같은 자기 주도성이 가장 활발하게 증가하는 시기에 있다. 그래서 제일 잘

하고 싶어 하는 마음도 함께 자란다. 이때 부모는 일상이나 놀이 과정에서 아이에게 일부러 져 주며 아이 기분을 맞춰 주려고 한다. 아이는 웃으며 즐거운 기분이 되고 자신이 세상에서 최고가 된 것 같은 생각으로 가득 찬다. 그래서 부모는 놀이장면에서 져 주고 나서 "○○이가 이겼어. 아빠는 2개밖에 못 했는데, ○○이는 5개나 했네" 하고 말하며 패배를 인정한다.

- 하지만 여기서 중요한 것을 잊고 있다는 걸 기억하자. 아이는 자신이 최고라고 믿고 있었으나 또래 관계에서 자신을 이기는 사람이 있다는 걸 알게 되었을 때 좌절할 수 있다. 정서적 민감성이 증가해서 또래 관계에서 자신이 이기지 못했을 때 중간에 포기하거나 아예 안 하려고 하는 태도를 보이기도 한다.

- 아이가 25개월이 지나면서부터 부모는 정정당당하게 승부를 겨루고 결과를 수용하는 것을 가르쳐 줘야 한다. 즉, "아빠는 10개, ○○이는 5개. 오늘은 아빠가 이겼네. 이길 때도 있고 질 때도 있으니 받아들이기 하자!" 하고 말해 준다. 아이는 아쉬움에 토라질 수도 있고, 자신이 이겼다고 우기기도 한다. 심하게는 엉엉 울기도 한다. 그래도 부모는 중심을 잡고 아이 감정이 안정될 때까지 기다려 주는 역할을 해 주자.

- 아이가 감정이 안정되고 상황을 수용하면 "○○이가 기분이 괜찮아졌구나! 잘했어! 다음에는 놀이할 때 이길 때도 있고 질 때도 있으니 받아들이기 하자!" 하고 마무리하면 된다.

- 아이는 승부에 대한 수용을 배우게 되면 오히려 다음 도전에 대한 자신감이 생기게 되고, 자신이 잘 못 해서 진 게 아니라 승부는 양

면성이 있고 수용해야 함을 알게 되는 것이다. 이는 사회적 민감성, 또래 관계에서의 자기중심적인 경쟁구도, 자기패배감 등을 줄여 주는 데 효과적이다.

* 아이가 마음대로 되지 않아 포기하려 하면 다시 도전하게 한다

- 20개월에서 30개월의 아이는 발달과업이 이전에 비해 매우 많아진다. 하기 싫은 것도 해야 하고 점점 과업들이 늘어나게 된다. 이때 가장 중요한 것은 놀이나 일상에서 아이가 다양한 과업을 시도하다가 포기하려는 순간이다. 이때 부모는 아이를 다시 앉혀서 포기하려는 과업이나 놀이를 도전하도록 씨름해 줘야 한다.

- 즉, "○○아! 다시 도전해서 끝까지 하고 일어나는 거야!" 하고 알려 줘야 한다. 아이는 물론 다시 도망치려 하거나 징징거리며 다른 놀이나 과업으로 넘어가려고 한다. 부모는 이 상황을 놓치지 않고 아이 스스로 자기 조절력을 써서 도전 과제를 끝까지 해내도록 이끌어 줘야 한다.

- 부모는 '이거 하나쯤 안 한다고 해서 큰일이 일어나겠어?' 하는 생각이 들 수 있다. 그래서 아이가 안 한다 하면 안 하게 해 주고 오히려 아이가 좋아하는 것에 집중하도록 할 수도 있다. 하지만 이런 작은 것들을 놓침으로 인해 앞의 능력들이 저하되어 적응상의 어려움이 생길 수도 있다. 부모가 이 부분을 놓치지 않고 작은 노력이라도 했을 때 아이의 집중력, 또래 관계, 기관 생활 적응, 과제 수행 등에 긍정적으로 작용한다는 걸 기억하자.

* 아이가 뜻대로 되지 않아 힘들어할 때 감정은 읽어 주고 행동은 조절
  하도록 이끌어 주자

- 아이가 표현하는 감정에 대해 틀렸다고 말하지 않도록 한다. 아이
  는 어떤 식이든 자신의 불편한 감정을 징징거림이나 떼쓰기로 표
  현하는 것이다. 부모는 아이의 감정은 읽어 주고 행동에 대해서
  는 제한을 두도록 한다.

- 즉, "○○이가 속상할 수 있어. 많이 속상했을 거야! 하지만 오늘
  은 여기까지 놀고 집에 가야 해!" 하고 단호하게 말하며 상황을 수
  용하도록 이끌어 줘야 한다.

- 많은 부모들이 마음대로 되지 않아 징징거리거나 우는 아이에게
  "우는 거 아니야. 울 일 아니야. 맨날 넌 울어. 뚝해!" 등의 훈육을
  한다. 하지만 아이가 표현하는 어떤 감정도 틀렸다고 하기보다
  그럴 수 있으나 오늘은 해 줄 수 없음을 단호하게 말해 준다.

- 아이가 자신의 감정이나 생각을 방어 없이 그대로 표현하는 것
  은 중요한 일이다. 아이가 떼쓰기, 짜증 내기 등의 감정표현을 하
  는 것은 물론 바람직하지 않다. 하지만 아이 감정은 읽어 주고 행
  동은 조절하도록 훈육하는 것이다. 이러한 노력은 아이의 심리적
  방어를 줄여 주고 자신의 감정에 대한 혼란을 줄여 주게 된다. 또
  한 상황을 수용하여 보다 바람직한 방향으로 행동하도록 도와줄
  수 있다.

5. '내가 최고, 내가 먼저'라는 생각에서 벗어나도록 도와준다

앞에서 이미 많은 내용을 언급한 바와 같이 20개월에서 30개월의 아이는 특별히 '네가 최고야' 하는 반응을 가장 좋아한다. 달리기도 가장 먼저, 스위치도 가장 먼저, 엘리베이터 버튼도 내가 제일 먼저 누르고 싶어 한다. 물론 아이라서 호기심도 많고 뭐든 해 보고 싶어 하는 건 당연하다. 주도성이 싹트는 시기인 이 시기 아이라면 세상을 다 호령할 것 같은 자신감이 넘친다. 아빠와 씨름하여 아빠도 넘어뜨리고, 발로 대충 차도 골이 들어가는 신기한 현상도 벌어진다. 이 모든 건 흔히 있을 수 있는 풍경이다. 하지만 이런 행동들이 한결같이 아이 위주로 맞춰지다 보면 문제가 발생한다. 다시 말해, 아이는 자기 위주로 돌아가는 세상에 익숙해지면서 그렇지 않았을 때의 불편감이나 패배감을 매우 힘들어한다. 정서적 민감성은 높아지고 점점 고집스러워지는 등 부모의 육아 스트레스를 가중시키는 결과로 이어질 수 있다.

이것은 아이의 자기중심성에 중점을 둔 양육태도로 인해 아이에게 자기 조절력을 쓸 수 있는 시간을 주지 않아 발생하는 정서적 불균형이다. 특히 자기 조절력이 부족하고 자기중심성이 높은 아이의 경우 자기가 무조건 이겨야 하고 원하는 걸 얻어야 한다고 강하게 믿고 있을 수 있다. 이런 경우 부모가 중심잡기를 하지 않으면 그 힘에 쉽게 휩쓸리게 된다.

그렇다면 부모가 흔들리지 않고 아이에게 상황이나 결과를 수용하도록 도와줄 수 있는 방법은 무엇일까?

* 규칙을 알려 준다
- 놀이나 게임을 할 때 정정당당하게 규칙을 지키는 것은 매우 중요하다. 자기 조절력이 약하고 자기중심성이 높은 아이의 경우 마음대로 안 될 때 편법으로 즉각 넘어간다. 이 상황에서 부모가 웃어 버리거나 귀엽다고 쓰다듬어 준다면 아이의 사회성이 낮아질 수 있다. 즉, 놀이나 게임의 규칙을 정확히 알려 주고 과정과 결과를 수용하도록 알려 주는 것은 또래관계에서 안정적인 놀이를 할 수 있게 해 준다. 아이가 평생 부모와 놀이나 게임을 한다면 규칙이 뭐가 필요하겠는가? 다만 아이가 사회화되는 과정에서는 규칙에 따라 행동하고 결과를 수용하는 것을 가르쳐 주어야 한다.
- 규칙에 잘 적응하도록 알려 주면서 결과에 대한 수용과 성취감을 느낄 수 있도록 이끌어 주는 노력은 매우 중요하다.

* 'ㅇㅇ이가 최고'라는 표현을 다른 표현으로 바꾸도록 한다
- 부모 눈에는 아이가 세상에서 단연 최고다. 하지만 이러한 마음표현을 너무 자주 하거나 비일관된 양상으로 쓰게 되면 아이는 이말이 그리 즐겁지 않다. 자신이 어떻게 해야 '최고'가 되는지, 항상 '최고'가 되어야 하는 건지, 자신의 어떤 면이 '최고'인지 변별하기 쉽지 않다.
- 아이의 행동을 칭찬해 줄 때는 'ㅇㅇ이가 휴지통에 쓰레기를 버려서 정말 멋져!'라고 해 주는 게 중요하다. 구체적으로 아이의 노력

이나 행동을 읽어 주며 그 행동에 대한 칭찬임을 인식하도록 해야
한다.

- 무조건 '내가 최고'라는 인식을 혼재된 양상으로 갖게 되면 자신이
1등을 하지 않았을 때 심리적 불편감을 잘 견디지 못한다. 그래서
부모는 내 아이가 소중한 만큼 아이가 세상을 바라보는 생각과 행
동의 균형을 맞출 수 있도록 합리적이고 일관된 표현을 연습할 필
요가 있다.

* 승부를 겨루기 전에 미리 약속한다

- 아무리 어린 아이라 하더라도 약속의 의미는 잘 안다. 게임이나 놀
이를 하기 전 규칙을 잘 지키고 승부를 수용하겠다는 약속을 한다.
중간에 멈추지 않아야 하고 끝까지 놀이하겠다는 약속도 한다. 약
속을 지킬 수 있을 때 놀이가 시작됨을 알려 주는 방법이 좋다.

- 중간에 자기 마음대로 안 되거나 질 것 같은 마음에 징징거리거나
불편감을 드러내면 끝까지 최선을 다하도록 이끌어 주어야 한다.
한번 중도 포기하면 계속 포기하게 되고, 이는 사회성 저하로 여
지없이 이어지게 된다.

- 아이가 힘들어하면서도 끝까지 하면 칭찬해 주고 승부는 이길 때
도 있고, 질 때도 있음을 알려 주고 마무리한다.

- 승부 수용이 힘들고 슬픈 감정이 계속 남아 있을 때는 달래거나
대체물을 주기보다 스스로 감정조절을 하는 시간을 주고 기다려
준다. 아이가 안정되면 "이제 괜찮아졌구나! 다음에는 이길 때도
있고, 질 때도 있으니 받아들이기 하자!" 하고 말해 주면 된다.

* 놀이나 게임 과정에서 아직 승부가 나지 않았음에도 "내가 질 것 같아!" 라는 말을 아이가 반복할 때 "끝까지 해 보는 거야!" 하고 말해 준다

- 자기중심적으로 생각하고 조절력을 쓰지 않았던 아이의 경우 놀이나 게임이 자신에게 불리하게 흐른다고 느끼면 멈추려고 한다. "내가 졌어. 난 못해!" 등과 같은 반응을 보이며 의욕을 상실하게 된다. 이때 아이가 끝까지 해낼 수 있도록 "끝까지 한 후 받아들이기 하자!" 하고 말해 준다. 아이는 힘들기는 하지만 끝까지 해낸 후 결과를 수용하는 과정에서 보다 안정감 있는 승부 수용을 배우게 된다.

- 아이가 놀이나 게임 과정에서 마음대로 되지 않았을 때 불편한 감정을 견디는 경험은 자기 조절력을 기르는 데 중요한 역할을 한다. 아이를 달래거나 위로하기보다 아이 스스로 견뎌 내도록 이끌어 주는 인내심이 부모에겐 필요하다.

* 승부의 결과보다는 과정에 집중하도록 언어를 신중하게 선택한다

- 놀이나 게임을 하기 전 부모들이 많이 하는 말이 있다. "누가 더 많이 하나 해 보자!"가 그것이다. 같은 말이라도 놀이나 게임을 하기 전 "원숭이가 코코넛을 몇 개 따는지 열심히 따는 놀이를 해 보자!", 또는 "원숭이가 나무에서 떨어지지 않도록 살짝 스틱을 빼는 거야!"처럼 승부를 겨루는 것에 집중하는 언어보다 그 과정에 집중할 수 있는 언어를 사용하는 게 좋다.

- 달리기나 엘리베이터를 누르는 것과 같은 행동에서도 아이는 자기만의 승부욕을 갖고 있다. 즉, 자신이 1등으로 달리고 싶고, 엘

리베이터도 꼭 자신이 누르고 싶어 한다. 하지만 부모는 달리기에서 1등할 수도 있고, 3등할 수도 있음을 알려 주고 상황을 수용하도록 이끌어 준다. 또한 자신이 엘리베이터를 꼭 눌러야 한다는 자기중심성 앞에서는 다른 사람이 엘리베이터를 누를 수 있음을 인식시켜 주는 노력이 중요하다.

- 흔히 결과보다는 과정이 중요하다는 말을 한다. 발달의 결정적 시기에 있는 아이에게는 타인과의 조화를 이루고 상황 적응력을 높여 주는 데 매우 중요한 말이다. 부모는 아이가 불편한 과정을 잘 극복하고 어떤 결과도 수용할 수 있도록 이끌어 주자.

* 아이가 자신을 위한 편법이 아니라 상대방을 위해 일부러 져 주는 행동을 하지 않도록 훈육한다

- 승부는 정정당당할 때 그 결과가 안정적이다. 아이의 성향에 따라 상대방이 힘들거나 놀이가 중간에 쉽게 끝날까 봐 일부러 져 주는 경우도 있다.

- 자신이 이기기 위해 편법을 쓰는 것도 훈육해야 하지만, 반대로 타인의 감정에 동요되어 일부러 져 주는 편법 또한 훈육해야 한다. 즉, 어떤 경우이든 놀이나 게임은 정정당당해야 하고 결과를 수용하는 것임을 가르쳐 주어야 한다.

- 아이가 상황에 맞게 자신의 감정이나 행동을 조절하고 자기 조절력을 향상시켜 가는 과정은 아이 발달에 있어 중요한 역할을 한다. 부모는 아이가 다소 힘들어하더라도 말하고 기다려 주며 사회화 과정에 힘을 실어 주어야 한다.

6. 아이가 할 말을 부모가 대신해 주지 않는다

12개월이 지나면서부터 아이는 점점 유아기에 필요한 정서와 행동이 발달한다. 아이는 매일, 매주, 매월 자라고 있지만 부모는 여전히 12개월에 머물러서 아이를 바라보는 경우가 있다. 그래서 발달의 결정적 시기에 있는 아이에게 필요한 과업을 쉽게 침범하기도 한다. 이렇게 자주 습관적으로 침범을 당한 아이는 점점 발달이 느려지고 눈에 띄게 언어발달 지연이 나타나기도 한다. 심지어는 우리 아이가 '자폐' 같다며 계속 대학병원을 전전하기도 한다. 하지만 실제로는 정상 발달인 경우가 많으며 발달과업 침범으로 인해 전반적인 발달지연이 나타나고 있는 경우가 많다.

전반적인 발달지연에서 가장 쉽게 구분되는 지연은 언어발달이다. 대부분 또래와 비교하여 문장어 구사가 잘 안 되고, 눈맞춤이나 상호작용이 잘 안 된다는 호소가 가장 많다. 어떤 경우는 '엄마, 아빠'라는 말은 빨리 했는데 오히려 말이 느리다고 느끼는 경우도 발생한다. 언어발달이 폭발적으로 성장하는 20개월 전후에 아이는 자기 조절력을 써서 수용언어와 표현언어를 발달시켜야 한다. 하지만 아이가 자기 조절력을 쓰기보다 대충 말해도 원하는 걸 얻게 된다면 언어표현에 필요한 자기 조절력의 양이 부족하게 된다. 그래서 아이가 하고 싶은 말만 하거나 매우 단순한 말만 하는 등의 지연이 나타날 수 있다.

게다가 호명반응도 잘 안 된다고 느낄 수 있다. 이는 자신이 좋아하는 상황에는 즉각 반응하지만 그렇지 않을 경우 반응을 크게 하지 않는 것에서 비롯된다. 그래서 점점 언어와 사회성이 낮아지고 혹시 자폐 스펙트럼 장애가 아닐까 하는 걱정에 휩싸이기까지 한다.

그렇다면 20개월에서 30개월까지 언어발달을 도와주는 양육방법에는 어떤 것들이 있을까?

* 아이가 부모 손을 끌고 가서 요구하는 것은 들어주지 않는다

- 20개월 전후의 아이는 하고 싶은 것도 많고 요구사항도 많아진다. 세상이 자기중심으로 돌아갈 것 같고 호기심도 폭발하는 시기이기 때문이다. 이때 행동언어를 주로 쓰는 아이의 경우 부모 손을 끌고 가서 요구하는 것을 들어달라고 표현한다. 이때 자연스럽게 아이가 요구하는 것을 들어주는 부모들이 의외로 많다. 하지만 안 된다. 아이 손을 살짝 떼어 내며 "뭐가 필요한지 말해 줄까?" 하며 표현언어를 촉진시켜야 한다. 아이가 완벽하지 않은 표현을 하더라도 "그래, 이제 ○○이의 마음을 알겠어!" 하며 요구사항을 들어준다.

- 이렇게 함으로써 아이는 손으로 끌고 가거나 손가락 가리키기 등의 행동언어보다 표현언어를 쓰기 시작한다. 이렇듯 아이가 상황에서 요구되는 자기 조절력을 썼을 때 언어발달은 촉진될 수 있다.

* 일찍 영상매체에 노출시키지 않는다

- 아이 발달에 있어 끝까지 지연시킬 수 있는 만큼 지연시키기를 추

천하는 것이 영상매체이다. 발달의 중요한 시기에 있는 아이는 하루에도 매우 빠른 속도로 뇌발달이 일어난다. 언어, 인지, 사회성 등의 발달에 영향을 미치는 뇌발달에 불균형이 일어난다면 정서적인 측면도 무너지기 쉽다. 아이가 영상매체를 시청할 때 가장 조용하고 육아가 수월하다 생각되더라도 영상매체 노출은 최대한 늦추기를 바란다. 영상매체는 언어활동을 주로 담당하는 좌뇌의 기능은 물론 뇌 기능의 전반적인 균형을 떨어뜨릴 수 있기 때문이다.

* 아이가 대충 말할 때 요구사항을 쉽게 들어주지 않는다
- 자기 조절력을 쓰지 않으려는 아이는 발음도 미끄러지는 특징을 보인다. 일명 '유아어'를 쓰며 대충 말해도 알아듣고 요구사항을 들어달라고 한다. 부모는 아이가 대충 말하면 "또박또박 말해 줄까?" 하며 발음을 명확하게 하기 위한 자기 조절력을 꺼내 쓰도록 만들어야 한다.
- 여기서 유의할 점은 계속 윽박지르며 또박또박 말하라고 하는 게 아니라 반드시 1회만 이끌어 주는 것이다. 아이가 또박또박 말하든 그렇지 않든 그냥 넘어간다. 잘 들리면 "그렇구나! 알겠어 치즈 줄게" 하고 말해 주면 되고, 안 들리면 요구사항을 들어주지 않으면 된다. 기회는 계속 오기 때문에 1회에 모든 걸 명확하게 해야 한다는 생각에서 벗어나도 좋다.
- 이 과정을 통해 아이는 스스로 명확하게 표현을 해야 요구사항이 수용되고 다른 사람이 자기 마음을 이해할 수 있다는 것을 인식하

게 된다. 결국 자기 조절력이 부족한 상태에서는 언어기능은 정
상발달이지만 언어표현 능력은 발달지연 진단을 받는 경우도 있
기 때문에 부모의 노력이 필요하다.

* 아이가 자기 언어로만 말할 때 해석을 해 주지 않는다

- 자기 조절력이 낮은 아이의 경우 자기만의 언어를 쓰면서 부모가
그것을 읽어 줄 때까지 기다리기도 한다. 예를 들어, 아이가 "주
주" 하고 말하면 엄마가 "그래, 주스 달라고?" 하며 주스를 준다.
그러면 아이는 문장어를 사용하려는 의지가 생길 수 없다. 그래
서 또래들은 다 말을 잘하는데 우리 아이만 아직도 "주주"만 하고
있다고 걱정하게 된다.

- 좀 더 산 너머 산의 상황은 또 있다. 아이가 "주주" 하고 말해도 만
일 부모가 읽어 주지 않으면 엄청나게 큰 소리로 악을 쓰며 울기
시작한다. 그러면 아이의 울음을 빨리 진화해야 한다는 생각에
"응응, 알았어. 주스 주세요 하면 되지. 엄마가 주스 줄 테니까 울
지 마!" 하고 대처하는 경우가 많다. 이 순간에는 부모가 더 집중
해서 아이가 울어서 얻는 건 아무것도 없음을 단호하게 말하며 울
음을 스스로 그칠 때까지 기다려야 한다. 그다음 울음을 한참 만
에 그치면 "ㅇㅇ이가 원하는 걸 또박또박 다시 말해 줄까?" 하고
말해 준다. 아이가 자신이 할 수 있는 만큼 언어표현을 하면 "그
래, 이제야 알겠어! 주스가 먹고 싶었구나! 다음엔 이렇게 또박또
박 말하는 거야!" 하고 단호하게 훈육한 후 주스를 준다.

- 아이는 자신이 어디까지 자기 조절력을 써야 하는지 모른다. 심지

어 언어표현에서도 자기 조절력을 안 쓰려고 안간힘을 쓴다. 그래서 아직 미성숙한 아이를 위해 부모는 집중해서 이끌어 주고 기다려 주어야 한다.

*문장어를 사용하더라도 말끝을 흐리는 경우 그냥 넘어가지 않는다
- 앞에서 말한 바와 같이 모든 훈육에서 매우 중요한 것은 '타이밍'과 '단호함'이다. 특히 언어발달이 느린 아이의 경우 사회성이나 기관적응에도 영향을 미치기 때문에 간과해서는 안 된다. 어렵게 문장어를 사용하더라도 아이가 "사과 주세~" 하고 말할 때 사과를 주어서는 안 된다. "끝까지 또박또박 말해 줄까?" 하고 즉각 타이밍을 놓치지 않고 이끌어 줘야 한다. 물론 아이는 말하기 싫어하고 안 하려고 하는 경우가 많다. 이때 많은 부모들이 갈등한다. '굳이 이런 걸로 아이에게 스트레스를 줘야 하나?' 하고. 하지만 스트레스를 줘야 한다. 상황에 맞게 자기표현을 정확히 했을 때 생각이 잘 전달되는 것임을 알려 주어야 한다. 이때 필요한 것도 단 1회만 기회를 주는 것이다. 아이가 노력해서 정확히 말하면 칭찬해 주고, 그렇지 않더라도 넘어간다. 기회는 하루 종일 생길 수밖에 없다.
- 말끝을 흐리는 아이의 경우 부모는 아이가 대충 말해도 "사과를 접시에 담아 달라는 거지?" 하고 부모가 눈치껏 알아서 이해하는 경우가 많다. 아이는 대충 말한 후 부모가 알아서 해 주기를 바라는 것으로 자기 조절력을 딱 그만큼만 쓰는 것이다. 부모는 아이가 말끝을 흐리면서 대충 말하면 또박또박 말해달라고 훈육해주

어야 한다.

7. 아이와 함께 밥을 먹는다

30개월 미만의 아이를 양육하는 많은 부모들이 쉽게 놓지 못하는 것이 있다. 바로 아이의 밥 먹이기다. 최대 생후 15개월이 지나면서부터 아이는 스스로 밥을 먹을 수 있다. 대부분 흘리거나 미숙하더라도 아이의 발달과업을 완성해 가도록 기회를 주는 게 좋다. 아이가 발달과업에 필요한 자기 조절력을 쓰지 않고 많은 영역을 부모가 침범해 있는 경우 아이는 세 가지 기둥 즉 수면, 식습관, 배변활동에 영향을 받게 된다. 잠을 안 자려고 하거나 밤에 자주 깬다. 편식을 하거나 음식을 머금고 있거나 떠먹여 주어야 먹는다. 기저귀를 절대 떼지 않으려고 하거나 대소변을 참고 있다가 실수하기도 한다. 도대체 뭐가 문제일까? 어디서부터 무너진 걸까? 부모는 이때부터 매우 분주해진다. 아이가 마음대로 안 자라 준다는 불안이 서서히 올라온다.

아이에게 밥을 먹여 주는 게 아니라 스스로 먹어야 한다는 인식을 심어 주어야 한다. 부모가 평생 밥을 떠먹여 줄 계획이라면 계속 떠먹이고 입맛에 맞게 모든 음식을 최적화해서 줘도 된다. 하지만 불균형이 지속적으로 초래되며 아이의 발달과업에 필요한 다른 기능들도 무너지게 된다는 걸 알아야 한다.

현장에서 만난 가장 인상적인 경우는 아이가 고기를 씹지 않고 안 먹는다며 믹스기에 갈아 먹이고 있는 어머니였다. 아이 스스로 저작 활동을 하도록 기회를 주어야 고기도 씹어 삼킬 수 있다. 하지만 부모가 아이의 발달과업을 매우 크게 침범했기 때문에 아이는 자기 조절력을 기르기 힘든 상태였다. 이로 인해 아이는 밥 안 먹는다며 울고, 돌아다니고, 김만 먹고, 딸기만 먹으며 편식으로 인한 영양 불균형에 시달리고 있었다. 기저귀도 또래에 비해 계속 차고 있고, 밤에는 매우 자주 깬다고 했다. 이때부터 엄마는 큰 걱정을 떠안으며 아이에게 계속 끌려다니는 악순환을 겪고 있었다.

이 시기 부모들이 이와 같은 악순환을 겪지 않으려면 어떤 노력이 필요할까? 귀 기울여서 듣고 꼭 실천해 보길 바란다.

*밥 먹을 때 부모가 마주 앉아 모델링이 되어 준다
- 식사 시간이 되면 부모가 함께 밥상을 차려 마주 앉는다. 아이에게 "맛있게 먹자!" 하며 스스로 먹도록 한다. 부모는 이것저것 골고루 맛있게 먹는 모습을 모델링해 주며 아이도 스스로 먹는 시간을 준다. 즉, 시행착오 경험을 충분히 주고 기다린다는 생각이면 좋다. 이때 아이가 잘 안 먹는다며 불안해하지 않아야 한다. 아이가 몸에 좋은 고기를 전혀 안 먹더라도 떠먹여 주고 싶은 유혹을 뿌리칠 줄 알아야 한다. 아이가 먹은 만큼 칭찬해 주고 다음엔 잘 먹자고 말해 주면 된다.

*식사시간 제한 두기를 한다

- 아이 식사시간에는 제한이 반드시 필요하다. 마냥 다 먹을 때까지 기다려 주면 식사습관의 질이 떨어진다. 결국 부모가 뒤처리를 해야 하고 떠먹여 주고 싶은 충동을 강하게 느낄 수밖에 없다. 식사시간의 제한 두기에서 많은 부모들이 혼재된 방법을 쓰면서 실패하는 경우가 많은 것 같다. 하지만 1주일간 일관되고 단호하게 식사 시간에 대한 제한 두기를 잘해 낸다면 아이의 마음이 서서히 움직이기 시작할 것이다.

- 아이 발달에 따라 식사시간의 제한 두기를 계획해야 한다.

  • 21개월~28개월 : 이 시기 아이는 아직 수개념이나 시간개념이 약하기 때문에 엄마, 아빠 다 먹을 때까지 식사시간임을 알려 줘야 한다. 부모는 25분에서 30분 정도 천천히 식사시간을 두는 게 좋다. 부모가 가장 편한 시간을 정확히 정해서 매번 똑같이 진행한 후 시간이 되면 치우는 용기가 필요하다.

  • 29개월~36개월 : 이 시기 아이는 어느 정도 수에 대한 인지발달이 이루어진 경우도 있기 때문에 우리가 흔히 쓰는 방법인 "긴바늘 친구가 6에 가면 정리시간이야!" 하고 알려 주며 스스로 그 시간 안에 먹도록 한다.

- 식사시간의 제한 두기는 아이가 정해진 시간 안에 밥을 먹는 것은 물론 기관에서 상황에 맞게 식사를 스스로 할 수 있는 힘을 길러 주게 된다. 결국 제한 두기는 아이가 상황에 맞게 자신을 맞추는 자기 조절력을 키워 주고 사회화에 필요한 적응력을 높여 준다.

*식사습관이 산만하면 2초 이내로 훈육한다

- 이 시기 아이들은 집중시간이 원래 그리 길지 않다. 그래서 이것 저것 만지거나 쳐다보며 매우 산만해질 가능성이 높다. 식사시간 도 마찬가지다. 이런 특성을 알고 부모가 하나하나 아이 습관에 대한 훈육을 해야 한다. 그렇지 않고 방치하거나 아이의 산만한 행동을 계속 놓치고 간과하게 되면 점점 산만한 아이로 자랄 수 있음을 알아야 한다.

- 식탁에 앉지 않고 자꾸 돌아다니는 아이의 경우, 부모가 일어나서 즉각 2초 이내로 행동을 끊어 주며 "앉아서 먹는 거야!" 하고 훈 육해야 한다. 계속 돌아다니더라도 화내지 않고 일관되고 단호하 게 아이의 행동을 끊으며 "앉아서 먹는 거야!" 하고 훈육한다. 10 번이라도 일관되고 단호하게 반복한다. 매우 중요한 부분이니 꼭 실천해 보도록 하자.

- 아이 행동에 대해 2초 이내로 끊어 주고 훈육하라고 하는 이유는 아이가 그 행동이 길어질수록 학습효과로 인해 반복될 확률을 높 이기 때문이다. 즉각 끊어 주며 반복효과로 이어지지 않도록 단 호하면서도 부드럽게 행동을 끊으며 훈육하자. 많은 부모들이 이 부분을 놓치고 있는 경우가 많아 현장에서도 가장 많이 강조하고 있는 점이기도 하다.

*식사시간에 다른 요소들이 연합되지 않도록 한다

- 의외로 많은 부모들이 영상매체에 의지하는 경우가 많다. 특히 밥 을 먹지 않으려는 아이에게 큰 효과를 보기 때문에 영상을 보면서

아이가 밥을 먹도록 허용하는 것이다. 부모는 편하고 아이도 밥을 잘 먹는 것처럼 보이기 때문에 부모도 습관이 될 정도로 자연스럽게 영상매체를 연합한다.

- 아이의 발달과업은 다른 힘에 의지하지 않아도 스스로 해낼 수 있어야 하고 이때 자기 조절력이 쑥쑥 크게 된다. 아이가 무언가의 힘에 의지하여 발달과업을 수행하게 된다면 결국 부모는 아이의 발달과업이 지연되도록 도와주는 결과가 된다. 생각보다 두려운 일이다.

- 아이가 영상매체를 보여 달라고 떼를 써도 "밥 먹을 땐 밥만 먹는 거야!" 하고 단호하게 알려 주어야 한다. 아이는 물론 힘들어하고 계속 떼를 쓰며 영상매체를 찾을 것이다. 당연한 일이니 부모가 흔들림이 없어야 하는 것이다. "밥 먹을 땐 밥만 먹는 거야!" 하고 한 번 더 말해 주며 단호하게 아이 스스로 영상매체 없이 밥을 먹을 수 있도록 기회를 주어야 한다.

- 어떤 경우라도 부모는 아이 훈육에 있어 대체물은 주지 않도록 최선을 다해야 한다. 아이의 발달과업은 스스로의 힘으로 수행해 나갔을 때 안정적이고 균형 잡힌 성장을 할 수 있기 때문이다.

* 아이가 중간에 밥을 안 먹을 때 계속 먹으라고 권유하지 않는다

- 부모의 도움을 자주 받았던 아이는 어느 시점까지는 스스로 밥을 먹다가 갑자기 딴짓을 하거나 멈춘다. 이 상황은 부모가 빨리 와서 밥을 떠먹여 달라고 하는 신호이다. 이 신호를 받고 바로 뛰어가서 먹여 주는 부모가 의외로 많다. 그러지 말자. 아이의 도움 신

호에 즉각 반응한다면 아이는 계속 그 시점에서 자기 조절력을 안 쓰고 부모에게 의지한다.

- 아이의 신호에 즉각 도움을 주지 않더라도 언어적으로 "더 먹어야지. 빨리 먹어!" 하며 아이의 반응에 바로 반응을 보이는 경우도 많다. 하지만 그냥 무심코 쳐다본 후 아무 반응도 보이지 말자. 하지만 이때 돌아다니거나 딴짓을 하면 즉각 훈육만 하면 된다. 그러다 시간이 되면 "다음엔 다 먹자!" 하고 치우면 된다. 부모의 '승'이 되어야 한다.

* 아이가 원하는 반찬이 없다며 안 먹는다고 하면 먹을 수 있는 만큼 먹어 보자고 말해 준다

- 아이가 편식을 심하게 보이는 경우 부모는 최적화를 만들어서 떠먹여 주고 싶은 욕구가 매우 강해진다. 하나라도 먹여야 골고루 영양분을 채워 성장발달에 도움이 되기 때문이다. 하지만 편식은 이러한 악순환 과정에서는 고쳐지기 어렵다.
- 아이에게 이렇게 말해 보자. "오늘은 이렇게 먹자. 다른 반찬은 지금은 만들 수 없어. 받아들이기 하자!" 하고 훈육한다. 당연히 아이는 밥 안 먹겠다고 징징거리며 불편함을 드러낼 것이다. 하지만 아이의 식습관의 균형을 위해 아이가 상황을 수용하고 주어진 반찬으로 식사를 하도록 이끌어 주자.
- 식사 준비할 때 아이가 좋아하는 반찬과 그렇지 않은 반찬 비율을 5:5 정도로 맞춰서 준비해 보자. 아이가 좋아하는 반찬만 먹을 때 딱 1회만 이렇게 말해 주자. "다음엔 ○○도 먹어 보자!" 하며 좋

아하지 않는 반찬도 먹어야 함을 인식시켜 주면 성공이다.

* 아이가 오히려 밥을 안 먹으니 치워서 좋아한다고 느낄 때는 이렇게 하자
- 부모 중에는 "우리 아이는 정말 먹는 걸 안 좋아해요!" 하며 아이 스스로 먹지 않으면 치우라고 하는 조언에 대해 걱정하는 경우도 있다. 그런데 이런 경우는 간식을 정말 자주 많이 주는 경우에 해당된다. 밥 먹기보다 사탕이나 과자, 과일만 먹는 걸 좋아하는 아이로 점점 변해 가는 것이다.
- 밥을 먹는다는 건 인간의 본능적인 욕구이자 삶을 유지하는 중요한 요소이다. 부모가 침범하지 않고 기다려 준다면 배가 고픈 아이는 정해진 시간에 정해진 식사를 하는 게 그리 어렵지 않을 수 있다.
- 아이마다 음식에 대한 선호도나 양이 다를 수 있으나 적어도 식습관이 무너져서는 안 된다. 부모가 계속 도와주어야 하는 형태는 아이의 다른 발달에도 부정적으로 영향을 주기 때문에 간과해선 안 된다.

* 식사 후에 아이 스스로 뒷정리를 하도록 과제를 주자
- "아이가 너무 어린데 무슨 정리를 해요?" 하는 말이 바로 들린다. 하지만 욕심을 내 보는 게 좋다. 예를 들어 수저나 밥그릇을 설거지통에 직접 넣거나 테이블 위를 티슈로 미성숙하지만 직접 닦아 보도록 기회를 주는 것이다.

- 이 과정에서 부모는 아이를 칭찬해 줄 수 있고, 아이는 스스로 밥을 먹었다는 성취감은 물론 스스로 정리도 했다는 성취감이 더 얹어진다.

*아이 스스로 먹은 만큼 읽어 주고 칭찬해 준다
- 아이들이 밥을 먹은 후 가장 듣기 좋은 말은 "○○이는 밥을 다 먹었구나! 그래서 이렇게 키도 쑥쑥 컸구나!" 하는 칭찬이다. 밥을 모두 먹지 않고 세 숟가락만 먹고 안 먹더라도 "○○이가 세 숟가락이나 먹었네? 다음엔 여섯 숟가락 먹어 보자!"와 같은 긍정적인 읽어 주기가 필요하다.
- 아이는 자신의 노력이 인정받았을 때 가장 뿌듯하고 성취감으로 이어진다. 이러한 성취감은 다음에도 도전하고 싶다는 의지로 이어지고 보다 능동적으로 자기 조절력을 키울 수 있게 된다.

8. 아이의 요구를 즉각 들어주기보다 지연시킨다

20개월에서 30개월의 아이를 키우고 있는 부모들이 가장 힘들어하는 것이 있다. 바로 아이가 원하는 것을 굳이 안 들어줄 이유가 있나 하는 생각이 그것이다. 이 시기는 영아도 아니고 아동도 아닌 중간 시기여서 부모들은 갈팡질팡한다. 그래서 다양한 육아서를 찾아보고 영상매체를 찾아서 어떤 게 옳은 방법인가에 몰입하기 시작한다. 이 때 아이에 따라서는 이미 떼쓰기가 시작되고 부모는 점점 아이의 고

집에 스트레스를 받기 시작한다. 이 시기 부모들은 다른 육아관으로 인해 자주 다투기도 한다.

그렇다면 이 시기 아이의 요구를 즉각 들어주는 게 좋을까, 지연시키는 게 좋을까? 물론 아이가 원하는 것을 들어주는 것은 중요한 일이다. 하지만 더 중요한 것은 자율성이 높아지는 이 시기 아이의 요구를 즉시 들어주다 보면 점점 '빨리'를 달고 살게 된다. 그러면서 자신의 욕구가 즉각 충족되지 않으면 짜증을 내고 드러눕기도 한다. 매우 큰 소리로 울며 부모를 때리거나 자신을 때리기도 한다. 울음소리는 마치 낮은 도에서 높은 도로 바로 뛰듯 매우 높게 악을 쓰는 형태로 표현된다. 부모는 어쩔 줄 몰라 아이의 요구사항을 바로 들어주고 울음이나 행동을 달랜다. 가장 쉬운 방법은 이렇게 달래기다. 하지만 이 행동을 멈추자.

아이가 만일 자신의 요구사항을 들어주지 않는다며 다양한 행동언어(울기, 떼쓰기, 드러눕기, 악을 쓰며 짜증 내기, 때리기, 토라지기)를 보인다면 부모는 단호하게 그런 행동으로 얻을 수 있는 게 없음을 말해 주어야 한다. 아이에게 자기중심성을 높이는 가장 좋은 먹이는 바로 '즉시성'과 '최적성'이다.

즉시성은 아이가 원하는 것을 즉시 들어주며 아이의 불편감을 들어주는 것을 말한다. 물론 아이는 잠깐 동안 행복할 수 있다. 하지만 장기적으로는 자극추구형으로 변질되어 자신이 좋아하고 원하는 것을 매우 빨리, 즉시 얻고자 하는 예민성이 증가하게 됨을 기억해야 한다.

최적성은 아이가 원하는 대로 모든 걸 최적화하는 것을 말한다. 최적성은 아이가 사회화되는 과정에서 모든 상황이 불편하고 스트레스가 되어 전반적인 사회성과 대처능력의 미성숙함으로 이어진다는 것을 잊지 말자.

이를 극복하기 위한 보다 자세한 방법들을 살펴보기로 하자.

* 아이가 시도 때도 없이 빨리 와서 자신이 한 것을 봐 달라고 할 때 지연시킨다
- 이 시기 아이는 시도 때도 없이 부모를 부른다. "엄마, 이거 보세요", "아빠, 도와주세요", "엄마, 이거 내가 좋아하는 거예요", "아빠, 나랑 같이 해요" 등 수시로 부모를 부르고 쳐다보거나 도와달라고 한다. 그때마다 바로 달려가서 아이의 요구사항을 들어주는 부모들이 많다. 하지만 이때 욕심 낼 것이 있다. 아이에게 "잠깐 기다려. 아빠가 손을 씻고 갈 거야!", "기다려, 엄마가 빨래 개고 갈 수 있어. 나중에 봐 줄게!" 하며 상황을 지연시키는 것이다. 아이는 부모가 매번 자신의 요구대로 달려와 줄 수 없다는 걸 이해하게 되면서 조금씩 자기중심성보다는 상황에 맞추는 능력을 기르게 된다.
- 아이의 이런 '관심 끌기'는 자기중심성을 평가하는 매우 중요한 척도라 할 수 있는데 부모로서 아이가 점점 예민해지고 떼를 쓰는

행동이 는다면 이미 아이의 '관심 끌기'에 이끌려 다니고 있을 가능성이 높다.

- 아이가 빨리 와서 나에게 관심 좀 가져 주세요 할 때 무조건 무시하라는 게 아니다. 아이의 요구 사항을 즉시 들어주기보다 좀 더 상황을 설명하며 지연시켜 보라는 것이다. 이렇게 함으로써 아이의 자기중심성이 낮아지고 상황에 대한 예민성이 감소하는 효과로 이어질 수 있다.

* 아이가 징징거리며 말할 때는 어떤 요구도 들어주지 않는다
- 자기 조절력이 약한 아이의 경우 자신이 너무 불편하고 힘들다는 걸 표현하기 위해 울먹이며 말하는 경우가 있다. 이때 부모에 따라 아이를 달래기도 하고 대체물(젤리 대신 요구르트 등)을 주며 상황을 모면하려는 시도를 하기도 한다. 하지만 그러지 않아도 된다. 이런 방식으로 아이의 요구를 들어줄수록 아이는 징징거림이 심해짐을 잊지 말자.
- 아이에게 언어표현을 하도록 이끌어 주고, 언어로 표현하더라도 들어줄 수 있는 건 들어주고 그렇지 않으면 안 된다고 단호하게 말할 수 있어야 한다. 이러한 훈육은 아이의 언어표현을 촉진하고 자기 조절력을 강화하는 데 중요한 역할을 하게 된다.

* 부모는 아이가 원하는 모든 것을 들어주는 존재가 아님을 인식시켜 주자
- 아이가 원하는 걸 다 해 주고 싶은 마음은 어느 부모나 똑같다. 그

래서 아이가 흥미나 관심을 보이는 걸 보면 모든 걸 들어주고 싶
다. 하지만 이렇게 함으로써 놓치는 게 많다면 달리 생각해 봐야
한다.

- 물론 상황이나 조건이 맞아 아이가 원하는 것을 들어줄 수 있을
때는 들어주자. 하지만 상황이나 조건이 안 맞아 들어줄 수 없음
에도 무리해서 아이가 원하는 것을 해 주는 부모들이 있다. 이렇
게 안 해도 된다.

- 부모가 모든 걸 들어주고 싶지만 지금은 들어줄 수 없다고 설명하
는 용기가 필요하다. 즉, 집에 도착했는데 버스를 또 타고 싶다는
아이에게 "오늘은 집에 와서 버스를 탈 수 없어. 속상하겠지만 받
아들이자!" 하고 아이 스스로 아쉬운 감정을 진정시키도록 기다
려 주자.

- 아이는 부모가 단호하게 인식시키고 기다려 준 만큼 변화한다. 그
리고 상황에 맞게 감정을 수용하고 자신의 생각이나 행동을 조절
하는 능력도 함께 키워 가게 된다.

* 아이가 뭔가를 하다가 잘 안 되는 순간 부모를 바라볼 때 부모는 "다
시 해 봐!" 하고 물러난다

- 아이는 힘든 순간 부모에게 안기고 싶고 의지하고 싶다. 하지만
서서히 부모는 아이 스스로 정서적 독립을 하도록 물러나기 연습
을 해야 한다. 특히 시행착오를 겪는 순간 부모에게 의지한다면
바로 밀어내야 한다. 단호하면서도 정확하게 스스로 해 보도록
기회를 주어야 한다. 그렇지 않고 부모가 아이의 도움 요청을 거

절하지 못해 매번 도와준다면 위기와 시행착오 순간 아이는 자신의 능력을 꺼내 쓰지 못한다.

- 아이의 발달과업에 부모는 침범을 멈춰야 한다. 아이는 매번 부모를 끌어당기고 부모는 풍덩풍덩 아이의 끌어당김의 호수에 빠진다. 몇 번 이렇게 빠지다 보면 아이의 끌어당김의 힘은 더 세지고 부모는 점점 아이에게 이끌려 다니게 된다. 즉, 아이의 도움 요청이나 힘들어하는 상황에 깊이 침범을 하게 되고 아이는 점점 나약해지는 모습으로 자라게 된다.

- 어쩌면 가장 쉬운 건 아이가 도움을 요청할 때마다 도움을 주는 것일지도 모른다. 반면 가장 어려운 건 아이가 부모에게 도움을 요청할 때 한 걸음 물러나서 아이 스스로 상황 해결을 하게 하는 것일 수도 있다. 부모로서 가장 어려운 일을 해내는 용기와 중심 잡기가 중요하다. 부모가 힘든 만큼 아이도 힘든 과정을 겪으며 더 많은 근육이 생기고 탄탄한 균형을 잡아 갈 수 있는 것이다.

* 아이 스스로 만든 자신만의 규칙을 깨뜨려 줄 필요성이 있다

- 아이가 쌓아 놓은 블록성을 누군가 만지거나 무너뜨리면 큰일 난다. 아이는 울며불며 혼란에 빠진다. 또한 자동차 줄을 세워 놓고 그걸 조금이라도 흐트러뜨리면 매우 크게 짜증 내며 불편함을 표현한다. 부모는 아이 반응에 당황하며 사과하고 다시 원래대로 해결해 주는 데 집중한다.

- 하지만 아이가 힘들어하더라도 블록 하나를 빼서 다른 형태를 만들어 보거나 자동차 줄 세워 놓은 것을 두 줄로 다시 세워 보는 등

의 '흔들기'가 필요하다. 왜냐하면 아이의 이러한 정서적 민감성은 또래가 자신의 블록을 무너뜨렸을 때 심하게 화를 내거나 친구를 때리기도 하기 때문이다.

- 아이가 어떤 물건도 자신이 원하는 대로 두어야 하고 누구도 만질 수 없다고 하는 것은 어쩌면 훈육 과정에서 그렇지 않은 경우도 있다는 것을 알려 주지 않았다는 증거이기도 하다.

- 부모는 아이에게 "○○이가 원하는 대로 되기도 하지만 그렇지 않을 때도 있는 거야!" 하고 말해 주어야 한다. 이러한 훈육으로 인해 아이는 점점 자신의 생각대로 되지 않는 상황에 대한 자기중심성과 정서적 민감성이 동시에 떨어질 수 있다.

* 아이가 오감의 예민성(청각, 시각, 촉각, 후각, 미각)을 나타낼 때 회피보다는 노출을 택한다

- 자기중심성이 높아지면서 동반 상승하는 것이 바로 정서적 민감성이다. 이것은 오감의 예민성으로 여지없이 나타나는데 아이마다 예민하게 타고난 감각에 영향을 준다. 어떤 아이는 큰 소리를 들으면 귀를 틀어막고 소리를 지르기도 한다. 어떤 아이는 옷이 마음에 안 든다며 옷을 늘어뜨리거나 벗어 버리며 짜증을 낸다. 어떤 아이는 낯선 곳이나 사람에게 매우 민감한 반응을 보인다. 이러한 특성이 자기중심성과 연결되어 있다고 한다면 믿을 수 있을까?

- 자기중심성과 연결되어 있다. 즉, 아이가 원하는 대로 즉각 요구사항이나 의견을 들어주고 최적화해 주었을 때 나타난다. 자기중

심성이 높아진 아이에게 정서적 민감성은 실과 바늘처럼 따라다닌다. 동떨어진 양상 같지만 오감의 예민성의 뿌리는 바로 '자기중심성'이라 할 수 있다.

- 아이가 워낙 힘들어하고 그 상황을 회피하려 하다 보니 부모는 어떤 방법을 동원해서라도 아이의 불편함을 덜어 주려고 노력한다. 하지만 한 번 더 생각해 보자. 아이가 보이는 오감의 예민성은 자기중심성에서 출발하지 않았는가! 그 뿌리를 뽑기 위해서는 회피보다는 노출을 적절하게 해서 아이가 어느 정도 견뎌 보도록 서서히 이끌어 줘야 한다.

- 아이가 어느 정도 견디면 그만큼 읽어 주며 칭찬해 주면 된다. 즉, "○○이가 시끄러운 소리도 3분이나 들을 수 있었네! 잘했어!" 하고 칭찬해 준다. 그러면 아이는 자신이 3분이나 시끄러운 소리를 들을 수 있는 사람으로 인식하며 시끄러운 소리에 좀 더 견뎌 보는 능력을 꺼내 쓸 것이다.

- 이렇듯 회피보다는 노출을 택함으로써 아이의 자기중심성이나 정서적 민감성이 낮아지게 된다. 이 과정에서 아이는 많은 양의 자기 조절력을 쓰게 되고 점점 오감의 예민성이 줄어드는 결과로 이어질 수 있다.

* 아이가 실제로 도움이 필요한 경우나 위험한 경우는 현명하게 즉시 대처하자

- 아이의 요구사항을 지연시키는 게 좋다고 하여 모든 상황을 지연시켜서는 안 된다. 실제로 배가 고픈 경우, 화장실이 급한 경우,

무거워서 떨어질 위험이 있는 경우, 아이 스스로 하기엔 너무 날카로운 경우 등 부모의 적극적인 도움이 필요한 경우도 많다.

- 부모는 아이 스스로 할 수 있는데 의지하는 건지 아니면 정말 못 해서 도움을 요청하는 건지 눈을 크게 뜨고 파악할 수 있어야 한다. 아이 스스로 할 수 있는 일임에도 자꾸만 도와달라고 하는 경우는 뒤로 물러나야 하지만 아이가 아무리 노력해도 안 되는 경우는 "이건 너무 날카로우니까 엄마가 도와줄게!" 하고 제한 두기 언어를 써서 도움을 주자.

- 아이 스스로 할 수 없거나 위험한 경우는 아이에게 "엄마, 도와주세요!" 하는 표현언어를 쓰도록 해서 도움을 요청하는 방법을 알려 주는 것이 좋다. 아이도 자신이 도움을 요청해서 어려운 일을 해냈다는 성취감을 느낄 수 있게 된다. 하지만 무분별하게 도움을 요청하는 걸 가르쳐서 사용하지 않도록 주의해야 한다.

9. 아이 놀이에 대한 확장을 해 준다

20개월에서 30개월의 아이들은 놀이를 통해 꿈을 꾸고 세상을 배워 간다. 그리고 부모로부터 보고 배운 언어나 다양한 생각들을 놀이 안에서 표현해 낸다. 놀이를 하면서 크고 놀이를 하면서 점점 생각이 자라게 된다. 그럼에도 부모 중에는 어떻게 놀아 줘야 할지 잘 모르겠다는 경우가 많다. 그냥 놀아 주는 거라고 말하기엔 아이의 발달시기는 너무 중요하다.

실제로 이 시기 많은 부모들이 아이와 놀아 줄 때 역할극이나 놀이 확장이 많이 빠져 있는 경우가 많다. 앞에서 말했듯 놀이를 할 때 엄마, 아빠가 아닌 호랑이, 사자, 경찰 아저씨, 할머니, 친구 등이 되어 세상 가장 유치한 스토리를 만들어서 놀아 주는 것이다. 역할극은 아이가 소우주 두 개와 함께 푹 빠져서 정서교류를 할 수 있는 힘을 가졌다. 아이에게 놀이와 부모는 소우주이기 때문에 가장 소중한 존재와 행복한 상상과 표현을 하며 놀이에 빠질 수 있는 것이다. 놀이에서의 역할극은 아이가 상황에 맞는 언어표현을 하기 위해 모방도 하고 가장 좋은 표현을 하기 위해 생각의 확장도 함께 일어난다. 정서적인 측면에서의 성장도 있지만 언어능력이나 사회성에서의 성장에도 충분히 도움이 된다. 역할극을 하다 보면 자연스럽게 놀이시간이 길어지게 되고 아이가 한 가지 놀이에 좀 더 오래 몰입할 수 있도록 도와준다.

역할극은 가장 흔한 소꿉놀이 형태로 많이 익숙하지만 놀이의 확장은 생소할 수 있다. 놀이 확장은 아이가 놀이 중 다른 놀이로 빨리 전환할 때 부모가 목표를 정해 주고 자기 조절력을 쓰게 하는 것이다. 즉, 물고기 1마리만 잡고 자동차로 이동하는 아이에게 "물고기 5마리 잡고 일어나자!" 하고 확장해 주는 것이다. 이러한 놀이 확장은 아이가 지루한 시간을 견디게 해 주고 재미없는 놀이를 할 때도 친구 옆에서 기다려 주는 것으로 이어지게 된다. 또한 친구와의 놀이에서 규칙을 지키는 힘을 줄 뿐만 아니라 자신의 차례를 기다릴 수 있도록 도와준다.

이렇듯 아이에게 역할놀이나 놀이 확장은 아이가 좀 더 집중해서 놀이나 상황에 집중하게 해 주고 결국 자기 조절력의 양을 늘려 주어 사회화에 안정적인 도움을 줄 수 있게 한다.

아이의 놀이 확장을 도와주기 위한 방법에 귀 기울여 보자.

* 놀이 속에 규칙을 만들어 주자
- 아이의 놀이는 물론 자율성이 중요하다. 하지만 너무 놀이의 전환이 빠르고 집중시간이 짧은 아이에게는 반드시 규칙이 필요하다. 이 규칙은 아이가 자기 조절력을 쓰게 해 주고 놀이에 집중하는 시간을 늘려 준다. 예를 들어, 자동차를 줄 세우고 나서 그냥 일어나는 아이에게 어떻게 확장해 주면 좋을까? "줄 서 있는 자동차가 미끄럼틀을 타게 해 줄까?" 하며 미끄럼틀을 모두 태워 보도록 한다. 그다음은 세차장 앞에 자동차를 줄 세운 후 "이번에는 세차를 할 거예요. 이쪽으로 와서 깨끗이 씻고 가세요!" 하고 세차놀이를 이어서 하게 한다.
- 이처럼 놀이 속에 부모가 유치한 규칙이라도 괜찮으니 아이가 이동하지 않고 지금의 놀이에 오래 집중하도록 늘려 주는 것이다. 아이는 자동차 줄만 세우는 것으로 놀이가 끝났을 것이지만 아주 작은 규칙을 지켜가는 경험을 통해 자기 조절력을 저축할 수 있게 된다.

- 아이는 아직 미성숙하기 때문에 자율성의 폭이 너무 넓으면 자극 추구가 높아지게 된다. 그래서 더 자주 놀이가 바뀌고 좋아하는 놀이에만 집중하는 등 즐거운 자극 위주로만 가게 된다. 그래서 부모의 역할은 아이가 자극추구로만 가는 걸 막고 자기 조절력을 길러 주기 위해 작은 규칙부터 만들어 주는 것이다.
- 아이는 물론 규칙에 집중하지 않고 자신이 원하는 놀이로 가고 싶어 한다. 이때 많은 부모들이 마음이 약해지면서 "그래, 알았어!" 하며 금방 아이에게 자율성을 허락해 버린다. 하지만 좀 더 씨름을 해 보아도 좋다. 이 시기 아이에게 놀이라는 세계 안에서 자기 조절력을 쓴다는 것은 그 어떤 영양제보다 좋을 수 있다.

* 놀이 확장 과정에서 아이가 민감하게 반응해도 물러서지 않는다
- 물론 아이는 자기 마음대로 하고 싶은 자유를 구속당한다고 느낄 수 있다. 그래서 아이의 정서적 민감도에 따라 매우 크게 떼쓰기도 하고 경우에 따라서는 부모를 때리기도 하고 장난감을 던지기도 한다.
- 이때 많은 부모들이 군이 확장이 필요한가에 대한 심한 딜레마에 빠지게 된다. 하지만 아이는 자신의 감정에 대한 불편감을 표현하는 것이지 '고통'이 아니다. 따라서 부모는 말하고 기다리기를 반복하며 아이가 힘들어도 도전해서 성취하도록 이끌어 주는 노력이 중요하다.
- 놀이 확장 과정에서 가장 흔하게 관찰되는 아이 행동은 바로 다른 놀이로 넘어가려고 안간힘을 쓴다는 것이다. 이때 다른 장난감을

재빨리 잡거나 관심을 다른 놀이로 돌리기 위한 질문을 하는 등 다양한 양상이 나타난다. 이때 부모는 어떤 것도 반응하지 않고 다른 장난감을 잡으려는 아이 행동을 끊어 주도록 한다. 그리고 "여기에 집중하자!" 하고 현재 놀이에 집중하게 한다.

- 아이의 정서적 민감도에 따라 다양한 반응이 나오더라도 두려워하지 말고 좀 더 단호하게 아이가 현재 놀이에 집중하도록 훈육한다. 처음엔 많은 힘이 들어가는 것 같지만 점점 힘이 덜 들어가도 아이는 목적행동에 대한 집중력이 증가하게 된다. 결국 아이가 놓칠 뻔했던 자기 조절력의 기회를 부모가 놀이 확장을 통해 발달시켜 주는 것이다.

*하나의 놀이를 2회 반복하는 경험도 필요하다

- 목적행동의 연습을 통해 낚시놀이나 블록 쌓기 등이 아이에게 좀 더 쉬워질 수 있다. 이때 2단계 개념으로 그 놀이를 똑같이 1회 반복하는 것이다. 이때 많은 아이들이 지루함을 느끼고 그 목적놀이를 피하고 싶어 한다. 하지만 부모는 한 번 더 도전해 보도록 단호하게 이끌어 주며 아이가 지루한 활동에 집중하는 연습이 되도록 한다.
- 하나의 놀이를 2회 반복하면서 오는 지루함은 또래관계나 기관에서 지루한 활동이나 시간을 견디는 힘이 되어 좀 더 차분하고 집중력 높은 아이의 모습으로 돌아오게 될 것이다.
- 예를 들어 낚시 놀이에서 물고기 5마리를 잡았다면 다시 원위치에 물고기를 올려놓고 5마리 잡기를 하는 것이다. 아이가 관심을

주지 않거나 안 하겠다고 하더라도 충분한 여유를 가지고 단호하게 이끌어 주는 노력이 필요하다.

- 아이마다 활동성의 차이는 있으나 지나치게 놀이를 지루하게 느끼면서 자주 전환된다면 목적행동의 확장과 더불어 그 목적놀이를 2회 반복하는 것으로도 자기 조절력의 성장을 가져올 수 있다.

* 자유놀이 시간 다음에는 규칙놀이를 하자

- 자유롭게 놀이하는 시간은 아이에게는 정서적 이완과 발달을 촉진하는 시간이다. 매우 중요한 역할이지만 마냥 자유놀이에만 집중하도록 내버려두지 않아야 한다. 부모에 따라서는 하루 종일 뒷모습만 보이며 혼자 놀이하는 아이를 바라보는 경우도 있다. 워낙 혼자서도 잘 놀기 때문이라고 말한다.

- 아이의 자유놀이 시간 다음에는 20분 정도의 규칙놀이가 필요하다. 예를 들어 블록 쌓기를 아이 혼자서 실컷 했다고 하자. 부모는 놀이하는 아이에게 다가가서 "우리 이 블록으로 토끼 집을 지어 볼까?", "토끼집은 이 블록을 모두 사용해서 지어 보도록 하자!" 하며 수량, 패턴, 개념 등의 규칙이 들어간 규칙놀이를 해 주는 것이다. 아이에게 자기만의 방식이 아닌 다소 불편한 규칙도 지켜야 함을 가르쳐 주는 것이다.

- 부모는 아이가 규칙놀이에서 규칙대로 뭔가를 해냈을 때 그대로 읽어 주며 칭찬해 준다. "○○이가 이렇게 많은 블록으로 토끼집을 지었구나! 멋진 집이 되었네!" 하며 상황을 읽어 주는 칭찬을 해 주는 것이다. 이때 아이는 성취감을 통한 자아 탄력성과 자존

감이 쑥쑥 자라게 된다.

* 놀이 확장 과정에서 아이가 도움을 요청하면 스스로 하도록 이끌어
  준다
- 아이에 따라 조금만 힘들거나 지루해도 "엄마, 아빠 같이 해요!"
  하고 도움을 요청하는 경우가 있다. 이때 많은 부모들이 자연스
  럽게 도움을 주고 만다. 하지만 도움을 주어서는 안 된다.
- 아이 스스로 목적행동과 놀이 확장에 집중하고 해냈을 때 자기 조
  절력의 성장이 있는 것이다. 아이가 힘들어하고 혼자서는 못 하
  겠다는 생각으로 의지할 때마다 부모가 같이 해 주거나 손을 잡아
  주는 등의 도움을 준다면 아이는 스스로 정서적인 독립을 하기 어
  려워진다.
- 아이에게 놀이 확장도 중요하고 시행착오 또한 중요하다. 이 중요
  한 상황에서 부모가 자꾸 도움을 주고 개입한다면 아이의 발달과
  업은 제대로 채워지지 않는다. 아이가 자기 조절력을 제때에 써
  서 발달과업은 물론 더 나은 단계에 대한 자신감을 획득해 가도록
  기다려 주자.

* 놀이 확장도 점점 어려운 단계로 넘어간다
- 놀이 확장 과정에서 아이가 쉽게 할 수 있거나 좋아하는 놀이 확
  장만 있다면 크게 효과가 없을 수 있다. 처음엔 블록 10개를 쌓는
  것부터 시작했다면 블록으로 집을 지어 보기, 코끼리 인형이 들어
  갈 만큼 큰 집 짓기, 마을 꾸미기와 같이 단계를 조정해 간다.

- 이 과정에서 아이는 더 어려운 단계에 대한 거부감이 나올 수 있고 더 이상 자기 조절력을 쓰지 않으려고 안간힘을 쓸 수도 있다. 이때 부모는 코끼리와의 씨름이라 생각하고 아이에게 단호하게 목적행동을 하도록 확장해 주는 게 좋다.
- 아이는 한 단계, 한 단계 넘어가면서 자기 조절력을 좀 더 확장하게 되고 지루함이나 규칙이 있는 상황에서 거뜬히 견디는 힘이 생기게 되는 것이다.

*개념과 상황극을 넣은 놀이 확장으로 변화를 주자
- 놀이 확장에서 점점 어려운 단계로 넘어가는 조절력 확장이 있었다면 개념이나 상황극이 들어간 놀이 확장도 중요하다.
- 예를 들자면 '세탁기에 빨래를 해서 말린 후 깨끗한 옷을 입고 유치원에 간다. 유치원에 다녀와서 옷을 세탁기에 넣고 욕조에서 목욕을 한다'와 같은 상황 규칙을 만들어서 아이가 규칙을 지속적으로 지키도록 이끌어 주는 것이다.
- 개념과 상황 규칙은 아이의 생각 확장, 기억력 및 집중력, 부모와의 충분한 정서교류 등에 긍정적인 영향을 준다. 또한 아이의 사회성이나 또래관계, 대처능력에도 좋은 변화를 줄 수 있다.

*놀이 확장을 끝까지 해낸 아이에겐 충분히 칭찬해 준다
- 아이가 자신이 생각하지 않았던 놀이를 하고 목적행동을 달성하는 과정은 생각보다 매우 힘든 일이다. '아이들은 다 할 수 있는 거 아니야?' 하고 단순하게 생각하지 말자. 아이에 따라서는 블록

10개 쌓는 것도 높은 산을 넘는 것처럼 힘들 수 있다. 집을 짓거나 코끼리 인형이 들어갈 만큼 큰 집을 짓는다는 것은 사실 아이에겐 처음 해 보는 어려운 경험일 수 있다.

- 그래서 아이의 작은 노력에도 "○○이가 코끼리 집을 멋지게 지었구나! ○○이는 집을 잘 짓는 아이였구나!" 하고 칭찬해 주어야 한다. 아이는 이때 세상을 다 가진 것 같은 행복감과 성취감을 느끼게 되고 자아 성장에 큰 힘이 된다.

10. 훈육 방법에 대해 잘 알고 있는지 스스로에게 질문해 본다

20개월에서 30개월 아이에게 가장 필요한 것은 어찌 보면 '훈육'이다. 이 시기 아이들은 자기중심성만 높아져서 발달이나 정서상의 균형을 잃을 수 있기 때문이다. 그렇다면 훈육에도 어떤 조건이나 규칙이 있지 않을까?

훈육은 교육이나 설교가 아니다. 혼을 따끔하게 내서 다시는 그런 행동을 못 하게 하는 것도 아니다. 손을 들고 서서 반성하거나 생각하는 의자에 앉아서 스스로 생각하게 한 후 안아 주는 것도 아니다. 화를 내며 훈계하는 것도 아니다. 회초리로 때려서 행동을 바로잡는 것도 아니다.

훈육은 바로 '알려 주는 것'이다. 바람직한 방향으로 아이가 생각하고 행동하도록 방향과 방법을 짧고 단호하게 알려 주는 것이다. 화를 내지 않아도 되고, 달래지 않아도 된다. 또한 당장 눈앞에서 기적처럼 원하는 대로 되지 않아도 된다. 훈육은 인내심을 갖고 기다려 주며 아이가 스스로 바람직한 행동과 표현을 하도록 기회를 주는 것이다.

그렇다면 훈육을 어떻게 해야 하는지 하나하나 세세하게 살펴보고 일상에서 즉각 접목해서 연습해 보기를 바라는 마음이다.

* 훈육은 '알려 주기'다

- 부모는 아이가 자신의 말을 안 듣고 고집을 피운다는 생각이 들면 강한 통제 욕구가 생기게 된다. 뒤이어 따라오는 마음은 교육 욕구다. '내 아이가 이렇게 자라면 안 돼!' 하는 생각이 강하게 들면서 두 가지 욕구가 동시에 일어나는 것이다.

- 부모에 따라 다양한 육아서에서 배운 내용들을 쓰기도 한다. '생각하는 의자', '손 들고 벽 보고 있기', '스스로 반성하면 뽀뽀해 주기' 등 다양한 방법을 쓰며 결국 훈육 타이밍을 놓쳐 버린다. 안타깝다.

- 훈육은 '알려 주는 것'이다. 아이가 식탁을 두드리고 장난을 치면 손으로 2초 이내에 즉각 막으며 말은 부드럽게 "그만, 조용히 하자!" 하고 말하면 끝난다. 계속 반복되더라도 화내지 않고 일관되게 아이 손을 즉각 막으며 "그만, 조용히 하자!" 하고 말하는 것이다.

- 훈육을 통해 아이 행동에 대해 알려 주면 아이는 자신의 행동에 대해 인식하고 점점 자기 조절력을 쓰려고 노력하게 된다.

* 훈육 타이밍을 놓치지 않는다

- 부모에 따라서는 아이의 바람직하지 않은 돌발행동을 보며 말로 만 "어허, 뛰지 않는 거야!" 하고 말한다. 이미 아이는 멀리 뛰어가 고 있고 부모는 말만 하며 뒤따른다. 하지만 이미 훈육 타이밍을 놓쳤다.

- 아이의 돌발행동이 나오는 순간 2초 이내로 타이밍을 잡아야 한 다. 즉, 뛰어가는 아이를 바로 막으며 "그만, 여기서는 뛰지 않아!" 하고 단호하게 말한다. 아이는 물론 웃으며 더 뛰려고 할 것이다. 그래도 부모는 일관되게 아이를 막으며 "그만, 여기는 위험해서 뛰지 않는 거야!" 하고 말해 준다.

- 아이가 잘 멈추면 마지막엔 "그래, 너는 안 뛸 수 있는 아이구나! 멋지다!" 하며 칭찬해 준다. 앞에서 언급한 대로 이러한 성취감은 아이의 자존감, 자아 탄력성 향상에 즉각 저축이 된다.

* 훈육할 때 감정이 들어가지 않도록 최선을 다한다

- 많은 부모들이 훈육할 때 '무섭게', '따끔하게', '다시는 그렇게 하지 않게' 등 자신의 힘이 얼마나 강한지를 보여 주는 것에만 집중하는 경향이 있다. 아이는 물론 그런 부모의 모습이 무서워서 즉각 바람 직한 행동으로 옮겨 가는 것 같기도 하다. 하지만 이 과정은 내일 도 화를 내며 훈육해야 하는 악순환을 만든다는 걸 알아야 한다.

- 훈육은 앞에서도 말했지만 '알려 주기'에 집중해야 한다. 감정이 섞여서 화를 내며 말한다면 아이는 부모의 화내는 모습에만 집중 하게 된다. 매번 똑같은 일이 반복되더라도 화내지 않고 단호하

고 일관되게 알려 주자.

* 실수에 대한 훈육에는 소통언어가 필요하다

- 앞에서는 자주 일어나는 돌발행동에 대한 중점적인 훈육이라면 아이 실수에 대해서는 어떻게 훈육하는 게 좋을지 의문이 생길 수 있다. 실제로 많은 부모들이 이 질문을 해 온다. 돌발행동은 2초 이내로 끊어 주고 5초 이내로 훈육하라는 건 알겠는데 아이가 실수했을 때는 어떻게 가르쳐야 할지 다소 난감하다 말한다. 그렇다면 아이의 실수에 대한 소통언어는 어떤 것일까?

- 첫째, 아이 행동에 대한 부모의 감정 표현이다. 아이가 장난치다가 물을 엎질렀다고 하자. 부모는 "물을 왜 엎질렀어? 그러게 조심하라고 했지!" 하고 말하는 경우가 대부분이다. 하지만 소통언어는 다르다. "○○이가 물을 엎질러서 엄마는 화가 나고 당황스러워!"로 시작해야 한다.

- 둘째, 그 행동을 하게 된 아이 마음을 꺼낸다. 즉, "○○이는 물을 엎질렀을 때 어떤 기분이 들었어?" 하고 물어본다. 그러면 아이는 매우 미성숙한 말로 자신의 마음이나 생각을 표현할 수도 있다.

- 셋째, 아이 표현에 대해 공감해 준다. "그래, ○○이도 뛰어다니고 싶었을 것 같아!" 하고 말한다. 아이는 이때 자신의 행동에 대해 이미 뉘우치고 당황한 상태이기 때문에 잘잘못을 가르칠 필요는 없다.

- 넷째, 아이가 앞으로 어떤 노력을 해야 할지 아이 스스로 생각해서 표현하게 한다. 대부분의 부모들은 아이가 어떤 노력을 해야

할지 부모가 알려 주기 위해 최선을 다한다. 하지만 아이 스스로 생각해서 어떤 노력이 부족했고 다음엔 어떤 노력이 필요한가에 대한 생각과 표현을 하게 한다. 즉, "○○이가 물을 엎지르지 않으려면 어떻게 해야 할까?" 하고 물어보고 아무리 미숙한 답이라도 "그래, 좋은 생각이야! 다음엔 그렇게 노력해 보자!" 하고 말해 준다. 그리고 부족한 부분은 마지막에 "다음엔 뛰지 않는 것도 노력해 보는 게 어때?" 하고 권유하는 형식으로 끝내면 된다.

- 이러한 노력을 통해 아이는 분명 부모로부터 훈육을 받았으나 기분은 좋고 어떤 노력이 필요한지에 대해 보다 명확하게 인지할 수 있다. 이 과정 또한 아이의 자아 탄력성과 자존감 향상에 긍정적인 역할을 하게 된다.

*훈육 시에는 표정의 변화에도 신경 써야 한다

- 다양한 양육 코칭을 통해 단호함과 일관성을 획득했다 하더라도 표정관리에 성공하지 않으면 아이가 부모의 표정을 살피게 된다. 부모의 말과 행동의 일치성은 아이를 심리적으로 안정되게 하며 상황에 집중하도록 도와준다.

- 단호하게 말하며 아이를 기다려 주는 상황임에도 부모가 아이를 쏘아보거나 기분 나쁜 표정을 지으면 아이는 부모의 단호한 훈육에 집중하지 못할 수 있다. 부모는 무표정으로 목적행동(아이가 해야 하는 목적물-장난감 정리 등)을 바라보며 기다려 주어야 한다. 무서운 표정이나 화난 표정이 되지 않도록 거울을 보며 많이 연습해야 한다. 또한 부모 스스로 훈육 상황에서 가장 자연스러

운 표정을 찾도록 꾸준한 노력이 필요하다.

- 훈육 과정에서 부모의 감정이 섞이지 않았을 때 아이는 부모가 이끌어 주는 상황을 보다 명확하게 인식하고 행동 변화에 집중하게 된다. 결국 부모가 아이에게 알려 주고자 했던 것들이 그대로 전달되어 부모 또한 양육의 효능감이 높아질 수 있음을 기억하자.

* 훈육 시 아이가 강하게 저항하면 부모는 코끼리와의 씨름이라 생각하고 이겨야 한다

- 그동안 강하게 자기중심성을 키워 왔던 아이에게 부모가 단호함을 장착하게 되면 아이는 매우 크게 저항할 수 있다. 더 크게 울거나 울면서 부모에게 안기거나 드러누워서 고통스럽게 우는 등 다양한 패턴을 보일 수 있다. 대부분의 부모들이 가장 딜레마에 빠지는 순간이 이 순간이다.

- 하지만 코끼리와의 전쟁이 그리 쉬운가! 매우 덩치 큰 코끼리가 부모에게 씨름을 요청해 온 순간이라 생각하고 단호하고 일관되게 아이에게 이겨야 한다. 아이는 물론 매우 힘들어할 수 있다. 하지만 고통 없이는 그동안 쓰지 않던 자기 조절력을 쓸 수 없다는 것을 알아야 한다. 부모와 아이 모두 고통스럽고 견뎌 내야 하는 시간이 지금이다.

* 훈육 시 부모에게 안기는 아이를 안아 주지 않는다

- 아이는 평소와 달라진 부모의 행동에 혼란과 불안을 겪으며 부모에게 안기려고 한다. 이 힘은 매우 필사적이고 센 편이다. 그래서

대부분의 부모는 아이가 힘들어하니 안아 줘야 한다는 생각이 강하게 든다.

- 그래서 아이를 안고 달래기 시작한다. 말로는 그러면 안 되고 지금 해야 하는 일을 해야 한다고 말하지만 행동은 아이가 의지하도록 침범하고 있다.

- 심리적으로 불편해진 아이는 부모에게 강하게 안기려고 할 것이고 부모는 그런 아이를 떼어내야 한다. "지금은 너를 안아 줄 수 없어. 다 울고 오는 거야!" 하고 말해 주어야 한다. 아이는 물론 힘들어하며 징징거릴 것이다. 하지만 부모는 아이 감정조절을 침범하지 않고 아이 스스로 조절하도록 이끌어 주어야 한다.

- 아이의 발달과업의 범위는 매월 늘어난다. 점점 스스로 해야 하는 일이 늘어나고 규칙도 늘어난다. 아이는 커 가지만 모든 자기 조절력이 멈춰 있다면 불균형이 생길 수밖에 없다. 아이는 다양한 행동으로 불균형을 호소할 것이고 부모는 그런 아이의 신호를 무시하지 않도록 최선을 다해야 한다.

- 아이 스스로 감정을 조절하고 부모에게 안전하게 안겼을 때 아이는 스스로 감정조절을 하는 경험을 축적한다. 그리고 점점 징징거리지 않고 감정조절을 해 나가는 모습을 보이게 될 것이다.

* 훈육 후에는 성취감을 주는 것에 집중하자
- 앞에서도 나왔듯 훈육은 사실 아이에겐 반갑지 않은 부모의 말과 행동일 수 있다. 부모가 이끌어 준 대로 아이가 행동을 한다는 것은 상당한 자기 조절력을 쓰는 결과다.

- 부모는 아이가 노력한 행동에 대해 정확하고 합리적으로 읽어 주는 걸 잊어서는 안 된다. "○○이가 장난감을 혼자서 정리했구나! ○○이는 혼자서도 장난감을 잘 정리하는 아이구나!" 하고 합리적인 칭찬을 해 준다. 그러면 아이는 자기 스스로 어려운 일을 해냈다는 성취감을 느끼면서 자아 탄력성을 키워 간다.
- 아이의 자존감을 높이는 가장 기초적인 양육태도는 아이 스스로 발달과업에 집중하여 자기 조절력을 쓰게 하는 것이다. 이렇게 자존감이 높아진 아이는 인사하기(타인과의 교류), 마음 표현하기(언어 능력), 낯선 것에 대한 도전(사회성) 등에 대한 행동이 점점 개선될 수 있다.

제3장

생후 37개월부터 48개월까지는
자기 조절력 마무리 점검 시기다

생후 37개월이 되면서 자기 조절력을 키우지 못한 아이는 또래와의 격차가 눈에 띄기 시작한다. 아직 배변훈련 시도도 안 하는 아이가 있는가 하면 여전히 떼쓰기가 많은 아이도 있다. 아이에 따라서 언어발달이 느려 낮은 사회성을 나타내기도 한다. 이때 부모는 이런 딜레마에 빠지게 된다. '충분히 사랑도 주고 잘 키웠다고 생각했는데 도대체 뭐가 문제였을까?' 하는 생각에 사로잡힌다. 그래서 많은 육아서를 사서 읽기 시작한다. 하지만 뾰족한 대책보다는 공감, 수용, 존중, 의사소통법, 발달에 따른 놀이방법 등이 주를 이루고 있다. 우리 아이에게 맞는 속 시원한 책이 없는 것 같아 계속 어딘가 답답함을 느끼게 된다.

앞에서 생후 36개월까지는 자기 조절력을 길러 주는 '결정적 시기'라고 말했다. 이 시기 부모는 양육과정에서 미처 인식하지 못했던 부분을 놓침으로써 아이가 또래와 격차가 벌어지고 있다는 걸 느끼게 된다. 이때 두 가지 부류의 부모로 나뉜다.

첫 번째, 아이들마다 발달의 차가 있는데 우리 아이는 다소 느린 편일 것이다.

두 번째, 우리 아이는 뭔가 불균형을 보이고 있고 부모로서 이게 무엇인지 답을 찾아야 한다.

첫 번째 부모는 두 번째 부모에 비해 아이에 대한 자율성의 폭이 매우 넓은 편이고 양육태도 또한 수용적인 경우가 많다. 아이들마다 차이가 있으니 우리 아이 또한 그리 걱정할 만한 수준이 아니라고 믿는 것이다. 하지만 아이의 발달 시간은 매우 빠르게 흘러가고 발달과업의 양이나 정도 또한 증가하게 된다. 아이의 인지나 정서발달은 정상적이라 하더라도 대부분 사회성이 떨어지는 현상이 제일 먼저 관찰된다. 부모는 이런 아이의 행동을 성격이나 성향으로 결론짓고 그 자체를 수용하려는 태도를 보이는 악순환으로 들어간다. 이 부모는 아이의 기질이나 성향, 잠재력에 따라서 초등학생이 될 때까지도 알아차리지 못하고 낮은 사회성으로 인해 고통받는 경우가 많다. 뚜렷한 원인을 찾지 못한 채 우리 아이는 다소 사회성이 낮은 편이라 생각하며 청소년기로 자연스럽게 넘어가는 것이다. 또한 우리 아이는 공부시간이 매우 길어진다고 여기며 부모가 계속 옆에 붙어 앉아서 가르치는 걸 선택하기도 한다. 이 과정은 생각보다 무서운 과정임을 인식하자. 대부분의 부모는 아이가 싫어하고 힘들어하는 걸 시키는 걸 좋아하지 않는다. 하지만 아이가 커 갈수록 제한 두기, 규칙, 상황에 맞게 행동하기, 발달과업 스스로 채우기, 주도적으로 해결하기 등에 대한 기회를 주어야 한다.

두 번째 부모는 아이가 예전에 안 보이던 행동을 하는 것에서 신호를 알아차리고 원인을 열심히 찾기 시작한다. 이전보다 민감하게 아이 행동에 대한 문제점을 인식하는 것이다. 부모가 할 수 있는 모든 노력을 해 봐도 안 될 경우는 전문가를 찾아가는 것도 서슴지 않는다. 이 부모처럼 아이의 행동에 대한 불균형을 알아차리고 다양한 노력을 했을 때 아이는 생각보다 빠르게 균형을 찾을 수 있는 경우가 많다.

이 시기 우리 아이 자기 조절력을 길러 주기 위해 중요한 역할을 하는 것들이 있다. 유심히 기록하고 기억해서 행동으로 옮길 수 있기를 바라는 마음이다.

생후 37개월부터 48개월까지의 부모 체크 리스트

1. 배변훈련을 완전히 끝내자.
2. 식습관 개선을 끝내자.
3. 언어표현에 대한 점검을 끝내자.
4. 사회성을 점검하자.
5. 행동언어를 점검하고 훈육 방법을 빨리 찾자.
6. 자기표현의 중요성을 가르쳐 주자.
7. 집중력을 기르자.
8. 수면습관을 점검하자.
9. 집착행동을 점검하자.
10. 호와 불호에 대한 편차를 줄이자.

1. 배변훈련을 완전히 끝내자

부모가 아이의 자율성을 너무 폭넓게 주게 되면서 배변훈련도 느긋하게 생각하는 경우가 있다. 아이에 따라서 이 시기가 와도 여전히 기저귀를 안 떼려고 안간힘을 쓰기도 한다. 부모는 아이가 너무 힘들어하는 모습에 계속 기다려 주면서 기저귀를 채운다. 때로는 힘들어하는 아이를 보며 부모의 불안이 극에 달해서 아이가 준비되면 떼겠지 하는 생각으로 기다리기도 한다.

배변훈련은 시기가 정해진 건 아니지만 이 시기가 되면 아이 발달과업 수행에 영향을 미치게 된다. 즉, 아이가 성장하면서 발달과업에 필요한 자기 조절력을 써야 하는데 그 기회를 계속 놓치게 되는 것이다.

아이에게 배변은 생존을 위한 본능이다. 영아 시기에는 안정적인 역할을 하는 기저귀지만 커 갈수록 아이는 배변감에 대한 감각을 본능적으로 인식하게 된다. 또래들이 배변기에 배변을 시작하는 걸 보기도 한다. 무의식적으로 아이는 점점 기저귀를 차지 않아도 된다는 걸 이해하게 되고 조금씩 자신의 발달과업을 충족하기 위한 준비를 시작한다. 그럼에도 자의적으로 아이가 자기 조절력을 써서 기저귀를 떼기는 힘들 수 있다. 이때 부모는 아이가 기저귀와 이별을 하고 스스로 변기에 배변을 해야 함을 알려 주고 아이가 준비할 수 있는 환경을 만들어 주어야 한다.

하지만 36개월 이전까지 자기 조절력을 쓸 수 있는 기회가 적었던 아이들은 감각의 예민성이 증가하여 기저귀를 떼고 싶어 하지 않는다. 부모는 이때부터 아이와 씨름을 시작한다. 많은 부모들이 "쉬 마려우면 엄마한테 말해", 또는 "쉬 마려워, 안 마려워? 지금 갈까?" 등의 침범언어를 이때 많이 쓰게 된다. 또한 아이가 극도로 불안해하며 기저귀를 달라고 하면 바로 기저귀를 채우며 아이와 부모 자신의 불안을 잠재우기 위해 애쓴다. 하지만 안 된다.

오랜 시간 양육 코칭을 해 오면서 1~2주 이내로 배변훈련에 성공했던 방법을 쉽게 정리해 보자면 아래와 같다.

첫째, 아이에게 지금 쓰고 있는 기저귀 잔량을 보여 주며 이렇게 말한다.

"이 기저귀를 다 쓰면 엄마, 아빠와 함께 예쁜 팬티를 사러 갈 거야!" 그리고 이어서 이렇게 말한다. "○○이는 이제 아기가 아니야. 그래서 변기에 쉬를 해야 하는 거야!" 하고 말해 준다. 아이는 물론 불안해할 수 있겠지만 곧 자신이 팬티를 입고 변기에 배변을 해야 한다는 걸 인식하고 마음의 준비를 시작한다. 하지만 부모는 단호하게 아이에게 기저귀보다는 예쁜 팬티를 입고 변기에 배변을 해야 한다는 걸 말해 주며 일관된 행동을 보여 주도록 노력해야 한다.

둘째, 아이가 팬티를 처음 입었을 때 계속 확인하지 않아야 한다.

아이가 배변 실수를 하지 않을까 노심초사하며 계속 확인하는 침범행동을 하게 되면 아이는 발달과업을 쓰려 하지 않는다. 더 불안해하며 기저귀를 찾게 되고 심하게는 대변이나 소변을 참는 행동으로 이어지기도 한다. 부모는 아이가 스스로 채워야 하는 발달과업에 대해 설명해 주고 아이 스스로 자기 조절력을 쓰게 해야 한다. 여전히 20개월 이전의 아이처럼 대하며 불안해하고 점검하고 도와준다면 아이는 자신의 의지를 써서 발달과업을 채우지 않을 것이다.

셋째, 아이가 팬티에 실수하면 태연하게 대처하고 알려 준다.

아이가 실수하면 당황하며 다시 기저귀를 채우거나 아이에게 계속 확인하는 행동을 보이기 쉽다. 하지만 태연스럽게 "팬티를 갈아입고 씻고 오자!" 하며 깨끗하게 씻긴 후 팬티를 갈아입게 한다. 그다음 가장 중요한 단계가 있다. "다음에는 변기에 쉬를 하자!" 하고 짧게 말하고 끝내는 것이다.

넷째, 아이의 실수를 대수롭지 않게 여기고 아이 스스로 발달과업을 수행해야 한다는 인식을 가지도록 기다려 주자.

아이는 부모가 자신의 발달과업을 도와주거나 침범하지 않았을 때 가장 많은 자기 조절력을 쓰게 되어 있다. 특히, 배변에서는 아이가 자기 조절력을 많이 써야 한다. 발달과업에서 매우 중요하지만 많은 부모들이 이 과정에서 침범과 간섭을 가장 많이 한다. 왜냐하면 아이가 매우 힘들어한다는 생각이 지배적이기 때문에 부모는 불안해한다. 하지만 부모는 아이에게 불안을 들키지 않아야 하고 일관되고 단호하게 행동하며 또다시 기회를 주는 노력을 하자.

일관되게 이 과정을 잘해 냈을 때 아이는 자신의 발달과업을 채우고 자기 조절력의 확장이 일어나게 되는 것이다. 이 과정에 실패하는 아이들은 다른 발달과업의 성장도 더디게 일어나는 경우가 많이 있으므로 노력이 필요하다.

2. 식습관 개선을 끝내자

부모는 아이가 영양을 제대로 채우지 못한다고 생각하면 불안해진다. 어떻게 해서라도 먹이고 싶다. 그래서 침범을 시작한다. 부모의 손이 숟가락으로 이미 향해 있고 아이 입으로 음식을 떠먹이기 시작한다. 이제서야 안심이 된다. 정말 잘한 일일까? 답은 아니다.

이 시기 아이에게 올바른 식습관 형성은 매우 중요한 과제다. 스스로 밥을 떠먹고 씹고 삼키는 과정은 아이 발달에 있어서 스스로 걷고 뛰기를 하는 것과 같은 맥락이다. 아이가 걷기를 힘들어한다고 부모가 계속 안아 준다면 8세가 되어도 안아 주어야 한다. 뛰기를 어려워한다고 업고 뛰어 준다면 아이는 스스로 뛰는 것을 매우 두려워하게 된다.

그래서 식습관이 이 시기까지도 불균형이 있다면 반드시 바로잡아 주어야 한다. 아이가 못 먹으면 어쩌나 하는 조바심을 가장 먼저 버려야 한다. 아이는 본능적으로 자신의 발달과업을 채워 가는 능력을 발휘할 수 있기 때문에 부모가 침범하지 않도록 유의해야 한다.

그렇다면 식습관에 대한 발달과업을 아이 스스로 채워 갈 수 있도록 부모가 해야 하는 역할은 무엇인지 살펴보자.

* 부모는 아이에게 맛있게 밥을 먹는 모델링 역할에만 집중한다

- 부모는 다양한 반찬을 맛있게 먹으며 아이도 그렇게 할 수 있음을 모델링해 준다. 아이는 처음엔 별다른 관심 없이 바라볼 수도 있다. 하지만 꾸준히 부모가 맛있게 밥을 먹는 모델링을 해 준다면 아이에게 충분히 긍정적인 영향을 줄 수 있다.

* 아이가 잘 먹지 않더라도 절대로 떠먹이지 않는다

- 가장 어려우면서도 먼저 해야 하는 일이다. 아이가 스스로 앉고 걸어가는 것처럼 밥을 먹는 것도 스스로 해야 한다. 먹지 않았을 때 떠먹여 준다면 아이의 편식이나 식습관은 학교에 입학해서까지도 고치지 못할 수도 있음을 기억해야 한다. 아이는 부모가 떠먹여 주는 시점을 정확히 기억하고 그 시점부터 밥을 먹지 않고 매우 산만하게 행동한다. 이때 부모가 대부분 떠먹여 주기 시작하는데 결과는 부모의 패다. 정말 독하게 마음먹고 떠먹여 주는 것부터 내려놓자.

* 만일 아이가 밥을 먹다가 돌아다니거나 일어난다면 2초 이내로 앉게 한다

- 앞에서도 아이의 훈육 타이밍은 2초 이내라고 했다. 아이의 밥 먹는 과정에서 훈육이 필요한 상황은 돌아다니는 순간이다. 2초 이내로 부모가 아이를 잡고 앉도록 유도한다. 행동은 매우 간결하고 힘이 있을수록 통제가 좀 더 쉬워진다. 말만 하거나 아이가 이미 다른 곳으로 이동해 버릴 때까지 잡지 못한다면 훈육의 효과가 많이 떨어진다.

* 아이가 밥을 잘 먹으면 "○○이가 혼자서도 밥을 잘 먹는구나!" 하며 칭찬해 준다
- 앞의 모든 솔루션에서도 그랬듯 아이의 모든 노력에 대해서는 부모가 합리적으로 읽어 주는 칭찬이 필요하다. 한 숟가락을 스스로 흘리며 먹더라도 아이의 노력을 읽어 주며 칭찬해 줄 수 있어야 한다. 완벽하게 밥을 먹는다는 건 어려울 수 있음을 미리 예상하고 좀 더 여유롭게 기다려 주면서 아이 스스로 발달과업을 채워 갈 수 있도록 하자.

* 정해진 시간이 끝나기 전 아이에게 시간이 얼마 남지 않았음을 알려 주고 밥을 먹도록 이끌어 준다
- 정해진 시간이 임박해서 갑자기 밥을 치우는 건 아이에게 상처가 될 수도 있다. 그래서 끝나기 5분여 전에 아이에게 시간이 매우 짧게 남았음을 말해 주고 마음의 준비를 하도록 해야 한다. 그다음 시간이 다 되어 치운다고 말했을 때 아이는 자신이 그 기회를 놓쳤다고 인식하기 때문에 크게 상처가 되지는 않는다. 아이에

따라서 밥을 치우는 것에 대해 울기도 하고 혼란스러워 하기도 한다. 매일 자신의 밥을 떠먹여 주던 부모가 오늘은 먹여 주지도 않고 치워 버리는 것은 뜻밖의 상황이기 때문이다. 그래도 설명해 주고 치우는 게 훨씬 좋다.

* 중간에 간식을 줄이거나 아예 주지 않고 식사시간이 되면 앞의 행동들을 똑같이 반복한다

- 아이에 따라서는 중간에 간식에 집착하는 경우도 있다. 울기도 하고 짜증도 낸다. 그러면서 빨리 간식을 달라며 떼쓴다. 이 과정에서 많은 부모들이 간식을 주는 경우가 발생한다. 하지만 여기서 실패한다면 아이의 식습관을 고치기 위해 더 많은 시간이 필요함을 잊어서는 안 된다. 이 상황은 흡사 매우 강한 태풍이 불어와서 집 밖의 물건들을 날려 버리는 고통과도 같을 수 있다. 그래도 기둥을 잘 잡고 정신을 차리고 견뎌야 한다. 아이가 아무리 힘들어해도 중간 간식을 주지 말자. 만일 줘야 한다면 아주 소량만 주자. 그래야 식사시간에 아이는 자신이 스스로 밥을 먹어야 한다는 생각이 가장 먼저 떠오르게 된다. 이 과정이 일관되게 반복되면 어쩌면 일주일 안에도 아이의 식습관을 고칠 수 있을지도 모른다.

이 시기 아이 식습관으로 인해 전쟁을 치르는 부모가 생각보다 많다. 아이는 본능적으로 발달과업의 가장 첫 번째 순서에 '밥 먹기'가 있다. 부모는 아이가 영양 섭취를 충분히 하지 못할지도 모른다는 불안에 휩싸여서 아이의 발달과업에 자주 침범을 한다. 아이는 자신이

침범을 당한 만큼 자신의 의지를 쓰지 않으려고 한다. 지혜가 많은 아이일수록 더욱더 의지를 안 쓰려고 한다. 앞에서 수많은 과정과 주제에서 언급했듯 아이 스스로 발달과업을 채워 가고 성취감을 통해 자존감과 자아 탄력성을 키워 가도록 이끌어 주자.

3. 언어표현에 대한 점검을 끝내자

아이가 세상을 살아가면서 가장 기본이 되는 것은 '언어'다. 모국어를 습득하고 표현하면서 아이는 다른 사람들과 소통하고 교류하는 사회화 과정에 들어간다. 이 시기 많은 부모들이 아이의 언어능력을 길러 주기 위해 책을 읽어 주고 다양한 표현을 적극적으로 해 준다. 아이에게 최대한 부드럽고 사랑스러운 단어를 가르치려고 한다. 아이는 점점 부모나 주변 사람들이 쓰는 언어를 저장했다가 모방하기 시작한다. 부모는 아이가 언어를 모방하는 모습이 귀엽고 사랑스럽다. 아이는 모방어를 쓰다가 어느 순간 자신이 하고 싶은 말을 하기 시작한다. 매우 짧더라도 부모가 보기엔 아주 대단한 일이다. 그러다가 어느 순간 아이는 질문도 늘어나고 자신이 하고 싶은 말을 다양한 단어를 조합하여 쓰기 시작한다. 이 과정이 순탄하게 이루어진다면 언어능력 발달에 대한 과제는 우선 성공이다.

하지만 또래에 비해 사용하는 단어 수가 한정적이고 맨날 쓰는 말만 쓰며 언어발달 지연이 나타나는 경우도 있다. 전문가를 찾아가서 평가해 보면 6개월에서 8개월 정도 언어발달 지연을 진단받기도 한다. 하늘이 무너지는 순간이고 부모는 갑자기 매우 조급해지기 시작한다. 도대체 어디서부터 잘못된 걸까? 아무리 생각해도 원인을 모르겠다.

아이가 언어표현이 지연되는 경우는 앞에서도 여러 번 언급했다. 부모가 대신 말해 주거나 '어' 하고 손가락질만 해도 모든 게 주어진다면 자연스럽게 언어표현의 지연이 나타날 수 있다고 했다.

또한 떼쓰기, 때리기, 무반응 등의 행동에 대한 훈육이 제대로 이루어지지 않아도 언어표현에 필요한 자기 조절력을 제대로 쓰지 못한다. 게다가 자조행동을 모두 아이 몫으로 넘기지 못했을 때도 언어표현에 필요한 자기 조절력이 부족하다. 그래서 매번 쓰는 단어만 쓰거나 문장어를 원만하게 쓰지 못하는 언어발달 지연이 나타날 수 있는 것이다.

그렇다면 이 시기 아이의 언어표현에 대한 점검과 방향성에 대해 하나하나 짚어 보기로 하겠다.

* 아이가 할 수 있는 일은 스스로 하도록 하자
- 이 시기 아이는 자조행동이 90% 이상 완성되어 있어야 한다. 여전히 기저귀를 차고 있거나 밥을 떠먹여야 밥을 먹는다면 다른 기능에서의 결함이 줄줄이 이어진다. 아이가 커 갈수록 필요한 언

어, 사회성, 인지 등에도 생각보다 많은 영향을 미친다. 부모는 점점 무게감이 느껴지고 아이에게 어떤 과제를 줄 때 버겁다는 생각이 들기 시작한다.

- 이 시기 아이가 채워야 하는 자조행동에는 어떤 것들이 있을까? 기저귀, 식습관, 수면습관, 옷 입기, 장난감 정리하기, 양치하기, 혼자 걷기, 기다리기, 힘들고 지루해도 해야 하는 일 해내기 등 매우 다양하다. 이런 자조행동이 잘되지 않고 여전히 부모가 침범하여 도움을 주고 있다면 서서히 아이 몫으로 떼어 내는 게 좋다. 아이는 자신의 발달과업에 필요한 능력을 충분히 썼을 때 사회 성숙도가 올라가고 좀 더 난이도 높은 단계의 수행이 가능해지는 것이다.

- 아이는 언어표현을 할 때 자기 조절력을 무의식적으로 쓰게 된다. 하지만 자조능력을 충분히 키우지 못한다면 언어표현에 필요한 능력이 부족해서 언어발달 지연이 나타날 수도 있다.

* 행동이 먼저 나오면 반드시 멈추게 하고 언어표현의 기회를 준다

- 자기 조절력을 많이 쓰지 않았던 아이는 급한 상황에서 자신도 모르게 행동이 앞서게 된다. 이를 보고도 의식하지 못한 부모는 그냥 넘어가는 경우가 많다. 이는 아이가 언어표현을 성장시킬 수 있는 기회를 놓쳐 버리는 것과 같다. 부모는 아이가 행동을 먼저 쓸 때 그 행동을 멈추고 "○○ 주세요! 하고 말하는 거야!" 하며 언어로 표현할 수 있는 기회를 주어야 한다.

- 아이가 만일 끝까지 말을 안 하는 경우 말하지 않으면 자신이 원

하는 걸 얻을 수 없다는 걸 알려 주고 주지 않는 것도 필요하다.

- 아이는 이렇게 모든 상황에서 자신의 감정이나 마음을 언어로 표현하는 것에 익숙해야 한다. 자기 조절력을 평소에 잘 쓰지 않았던 아이는 상황에 맞게 언어표현을 하는 자기 조절력이 낮아져 있을 수 있다. 그래서 부모가 지속적으로 아이 스스로 자기 조절력을 쓰도록 이끌어 주어야 한다. 그렇게 했을 때 아이는 자신의 감정이나 생각을 자연스럽게 표현하면서 보다 성숙하게 대처하는 능력이 생길 수 있다.

* 부모의 질문에 "몰라" 하고 표현하는 횟수가 많은지 점검한다

- 아이에 따라 생각하기 싫고 자신이 좋아하지 않는 질문이면 바로 "몰라" 하고 답하는 경우가 있다. 이는 아이가 질문에 집중하여 자신의 생각이나 감정을 꺼내는 과정에 대한 의지가 낮다고 볼 수 있다. 이때 많은 부모들이 그냥 넘어가는 경우가 많은 것 같다.

- 아이가 질문에 대해 "몰라" 하고 답하면, 부모는 즉각 "몰라 빼고 너의 생각을 짧게 말해 줘!" 하고 훈육한다. 아이는 귀찮아하며 부모 반응에 대해 불쾌감을 나타낼 수도 있다. 하지만 부모는 물러서지 않고 아이가 짧은 답이라도 말하도록 기다려 준다. 생각 끝에 아이가 작은 표현이라도 하면 부모는 기쁘게 "아! 그렇구나! 이제야 ○○이의 마음을 알겠어!" 하며 표현의 소중함을 인식시켜 준다. 아이는 하찮은 답이라도 자신의 감정이나 생각을 표현해야 한다는 걸 연습하게 된다. 또한 자신의 생각을 표현하는 것에 대한 방어나 두려움이 사라질 수 있다.

- 자신의 생각을 표현하는 게 익숙하지 않은 아이는 연습과정에서
도 어려움이 많을 수 있다. 이럴 때 부모가 먼저 자신의 생각이나
감정을 표현하는 모델링 역할을 해 주어도 좋다. 즉, "엄마는 오늘
집까지 걸어왔는데 너무 더웠어. 그래서 집에 오자마자 시원한
주스를 한 컵이나 마셨어!" 하고 말한다. 그다음 "○○이는 오늘
유치원에서 어떻게 지냈어?" 하고 물어본다.

- 아이가 거창한 말을 하지 않아도 괜찮다. "몰라" 하는 방어 언어만
아니면 다 수용해 주고 넘어가는 게 좋다. 아이가 자기 감정이나
생각에 대해 두려움 없이 표현할 수 있다는 건 세상에 대한 신뢰
를 형성하는 것과 같다. 자신의 표현이 안전하고 자신에 대한 표
현을 언제든 적극적으로 할 수 있다는 걸 배우게 된다.

- 이 과정은 청소년기까지도 필요하고 아이들이 부모와 소통하고
자기표현을 적극적으로 할 수 있는 힘을 길러 줄 수 있다.

* 아이가 말을 끊어서 할 때는 한 문장으로 정리해서 말하도록 이끌어
준다

- 자기중심성과 정서적 민감성이 높은 아이들이 커 갈수록 두드러
지게 보이는 특징 중 하나는 바로 말을 끊어서 반응을 이끌어 낸
다는 것이다. 예를 들어 "빵을 먹었는데요~", "응", "너무 팥이 많
이 들어서요~", "응", "다른 빵 달라고 했거든요~", "응" 등과 같은
것이다. 계속 자신의 말에 대해 부모의 반응을 이끌어 내는 것이
특징이다.

- 이는 자기중심성이 높은 아이들이 언어표현에서 보이는 특징 중 하나다. 부모는 말끝마다 "응"이라 답하지 말자. 아이에게 "한 문장으로 짧게 말해 줄까?" 하고 이끌어 준다. 아직 개월 수가 적은 아이의 경우는 모델링을 한 번 해 주는 것도 좋다. 즉, "빵에 팥이 많아서 다른 빵 달라고 했어요!" 하고 정리한 말을 해 주며 이끌어 주는 것이다. 하지만 자기표현을 할 수 있는 아이에게는 정리해서 말해 달라고 한 후 기다려 준다.

- 아이가 한 문장으로 짧게 말하면 "아! 이제야 ○○이의 마음을 이해할 수 있겠어! 다음에도 이렇게 정리해서 말해 보자!" 하고 이끌어 준다.

- 아이에 따라서는 이러한 훈육과정을 놓치게 되면 초등학교 고학년까지도 늘어짐 언어를 사용하는 경우가 있다. 이는 또래관계에 부정적인 영향을 주기도 하고 대처능력 부족으로 인해 사회성이 낮아질 수 있음에 유의하자.

* 상황에 맞지 않는 자기중심적인 표현을 할 때는 상황에 집중하도록 이끌어 준다

- 아이가 상황보다는 자신이 떠오르는 생각이나 주제에 대해 말할 때가 있다. 물론 가끔은 그럴 수 있다. 하지만 눈에 띌 정도로 많이 관찰된다면 자기중심성이 높은 상태임을 알 수 있다. 자기표현에 있어서 자기중심성이 높아진 원인을 몇 가지 찾아보면, 부모가 아이 말을 적절히 끊어 주지 못하고 지루할 정도로 오래 들어 주었을 때, 훈육을 제때 하지 못하고 모두 넘어갔을 때, 아이가 원

하는 대로 모든 상황을 맞춰 주었을 때 등 매우 다양하다. 결국 자기 조절력을 써야 하는 순간에 쓰지 않고 넘어갔을 때 상황에 맞지 않는 언어표현을 할 수 있다.

- 부모는 아이에게 현재 상황에 집중해서 이 상황에 맞는 말을 하도록 이끌어 주는 노력이 필요하다. 또한 자기중심적인 말에 계속 집중하는 경우 "여기까지만 들을 거야!" 하고 적절한 시점에 끊어 주어야 한다. 이때 아이는 자기 조절력을 써서 말을 멈추거나 상황에 맞는 언어표현을 하려고 노력한다.

- 이 과정은 아이가 또래와 상호작용이나 놀이할 때 맥락에 맞게 행동하고 표현하는 능력을 길러 준다. 부모는 다소 귀찮고 어렵더라도 아이가 상황에 맞게 자기표현을 적극적으로 할 수 있도록 이끌어 줄 필요가 있다.

*갑자기 큰 소리로 말하거나 소리를 지를 때 즉각 훈육한다

- 자기 조절력이 약화된 아이의 경우 감정이나 행동을 조절하는데 어려움이 있을 수 있다. 그래서 지나치게 흥분하기도 하고 소리를 크게 내기도 한다. 이는 부모가 어렸을 때부터 아이에게 필요한 훈육을 지나쳤거나 자기 조절력을 쓸 기회를 적절히 주지 않았음을 의미한다.

- 아이가 매우 큰 소리로 말하면 부모는 손바닥을 펴서 위에서 아래로 내리며 "소리 작게!" 하고 즉각 훈육한다. 아이가 작게 말하면 "그래, 잘했어!" 하고 칭찬해 준다. 또래 관계에서 목소리를 크게 하면 시끄럽다며 귀를 막는 친구가 생길 수 있고 사회성 발달에도

부정적으로 작용할 수 있다.

- 아이가 매우 크게 소리 지르면 이와 똑같은 방법으로 "소리 작게!" 하며 2초 이내에 훈육한다. 아이에 따라서 계속 크게 소리 지르는 경우가 있는데 소리가 멈출 때까지 계속 "소리 작게!" 하고 훈육 해야 한다. 10번에서 20번이라도 일관되고 단호하게 한다는 각오 로 하면 된다.

- 큰 소리로 말하기, 소리 지르기 등은 표현언어가 아닌 행동언어의 범주에 속한다. 아이가 이런 행동을 보이면 즉각 훈육하여 좀 더 안정된 소리로 말하도록 이끌어 주어야 한다.

- 아이의 자기 조절력은 단순히 자조 행동을 발달시키고 스스로 하 도록 기다려 주는 것만으로는 부족할 수 있다. 적절한 언어표현 과 상황에 맞는 행동 등이 이루어지려면 상당한 양의 자기 조절력 을 필요로 한다. 그래서 부모가 조금 어렵더라도 훈육이 필요한 상황에서는 에너지를 좀 더 높이자.

* 비난하거나 부정적인 언어표현은 수정해 준다
- 언어 표현에 대한 기회를 부모가 빼앗는 경우 아이의 자기 조절력 은 저하된다고 했다. 이로 인해 아이는 자아 탄력성이 낮아져 상 황에 대한 정서적 민감성이 증가되어 있는 경우가 흔하다. 그래서 누구 때문이라는 비난이나 탓을 하는 경우가 많다. 이때 많은 부 모들이 아이 말에 속상해하고 심지어 화를 내는 경우도 발생한다.

- 하지만 그리 깊게 생각할 필요는 없다. 다만 아이가 이런 표현을 할 경우 "예쁘게 말하자!" 하며 살짝 덮어 준다. 아이는 그래도 탓

을 할 수 있고 때로는 부정적인 언어공격도 할 수 있다. 그럼에도 부모는 한결같이 "그렇게 말하지 않아도 돼! 예쁜 말 쓰자!" 하며 아이의 생각을 덮어 주는 훈육을 한다.

- 아이의 자존감이나 자아 탄력성을 높이기 위해서는 평소 자기 조절력을 많이 저축해야 하고 아이 스스로 그 능력을 꺼내 쓰도록 연습해 주어야 한다. 아무리 언어발달이 정상이라 하더라도 매사에 부정적이고 비난하는 말을 자주 쓰는 아이는 긍정적인 또래관계 형성에도 어려움이 있을 수 있다.

- 아이에 따라서 정서적 민감성으로 인해 신체적으로는 때리거나 던지는 행동을 할 수 있고, 정서적으로는 언어공격을 하는 경우도 있다. 부모는 아이가 언어적으로 공격을 해 올 때 의미를 두지 않고 바로 덮어 준다. 예를 들어 "엄마는 도깨비야!" 하고 말하는 아이에게 "어떻게 그런 말을 엄마한테 할 수 있어?" 하며 감정으로 들어가지 않는다. 단순하고 가볍게 덮어 주는 방법으로 "엄마는 도깨비가 아니야" 하고 끝낸다. 아이의 이런 표현들은 "엄마, 내 마음 좀 알아주세요!" 하는 메시지이기 때문에 부모가 단호하고 부드럽게 말하며 믿음을 보여 주면 된다.

* 언어표현에 대한 안정감을 주고 자신감을 키워 준다

- 이 시기 아이의 언어표현은 세상을 살아가는 데 가장 기초적인 과업이라 할 수 있다. 부모는 우리 아이가 언어표현에 대한 안정감을 획득하고 자신감을 갖도록 열심히 땀 흘려야 한다.

- 부모는 아이의 언어표현을 적극적으로 이끌어 내고 어떤 표현도

긍정적으로 반응해 주며 자신감을 갖도록 도와주는 게 좋다.

- 아이의 안정적인 언어표현을 위해 자조행동, 자기 조절력, 훈육 타이밍을 점검하고 원만한 언어표현에 필요한 자기 조절력의 양을 점검하자. 만일 아이가 여전히 자조행동이 안 되고 훈육이 제대로 되지 않는다면 적절하고 성숙한 언어표현을 하는 데 어려움이 있을 수 있다. 더 나아가서는 또래관계를 형성하고 유지하는 데도 어려움이 지속될 수 있으므로 매우 꼼꼼하게 점검하자.

4. 사회성을 점검하자

내 아이가 세상을 살아가는 데 있어 가장 중요한 것은 무엇일까? 세상은 혼자서는 살 수 없기에 결국 사람들과 소통하고, 교류하고, 성취감을 느끼며 살아가는 게 무엇보다 중요하다. 그렇다면 내 아이의 사회성을 키워 주기 위해 부모는 어떤 노력을 해야 할까? 많은 부모들이 가장 먼저 떠올리는 것은 '기 죽이지 않기'인 것 같다. 하지만 실상은 정반대일 수도 있음을 오늘 이야기해 보겠다.

20개월 이후부터 아이들은 자기 주도성이 매우 커진다. 이 세상을 마치 다 차지할 것 같은 착각에 푹 빠져 있다. 그래서 자기중심적이고 자극을 추구하는 행동이 점점 늘어난다. 이 시기조차도 부모가 아이의 모든 행동을 수용해 주고 뒤따라만 간다면 아이는 점점 사회 성숙도가 낮아지기 시작한다. 안정적인 사회화를 위해 사회 성숙도는 매우 중요하며 자신을 지키고 타인과의 조화를 이룰 수 있는 힘을 만들어 주는 역할을 한다.

그렇다면 자기 주도성에 이끌려 다니지 않으려면 어떻게 해야 할까? 정확한 규칙을 만들어 주고, 훈육은 즉시 해서 알려 주고, 아이가 힘들고 지루하게 생각하는 일도 끝까지 해내도록 이끌어 주어야 한다. 이를 통해 아이는 자기 조절력을 충분히 발달시키고 사회화에 필요한 다양한 능력을 키울 수 있게 된다.

이 시기가 되었음에도 많은 부모들은 '우리 아이는 아직 어리니까 너무 과한 규칙은 필요하지 않아', '편법을 조금 쓰면 어때', '이기는 것에만 집중하는 건 당연한 거 아냐?' 등의 생각으로 중요한 시간을 흘려보내 버린다.

이 과정에서 부모가 중심 잡기를 해 주지 않았을 때 아이는 다양한 부적응 행동을 보일 수 있다. 친구를 때리고 오거나 대소변을 가리지 않으려고 하거나 밥을 스스로 먹지 않으려고 한다. 이 행동들은 아이가 '엄마, 나 조금 힘들어요!' 하고 호소하는 것이다. 부모가 이 상황을 민감하게 느끼고 양육태도의 변화를 위해 노력한다면 아이는 더 이상 호소행동을 하지 않게 된다. 왜냐하면 중심이 잡혀서 심리적. 신체적 안정감을 느끼기 때문이다.

내 아이의 사회성 향상을 위해 부모가 왜 땀을 흘려야 하는지 더 말하지 않아도 알 것이다. 부모는 무조건적인 사랑이 아닌 아이가 세상을 살아가는 데 필요한 힘을 잘 사용할 때 사랑을 주는 것으로 바뀌어야 한다. 행여나 기죽지 않을까 노심초사하며 아이를 키운다면 아이는 또래관계에서 많은 불편감과 불안정감으로 인해 소외감을 느낄지도 모른다.

그렇다면 이 시기 아이의 사회성 발달을 위해 부모는 어떤 노력이 필요한지 정리해 보자.

* 스스로 하도록 기회를 준다
- 앞에서도 모든 항목에 '스스로 하기'는 빠짐없이 등장한다. 그만큼 모든 것의 기초가 된다는 뜻이다. 아이가 할 수 있는 일임에도 도와주고 알려 준다면 아이는 그 능력을 스스로 획득하지 못한다. 부모는 아이가 할 수 있다고 판단되는 모든 과제나 활동을 아이 스스로 하도록 기회를 주어야 한다. 아이가 도움을 구할 때마다 달래거나 도와주지 말자. 이는 아이가 자기 조절력을 써서 자랄 수 있는 기회를 부모가 빼앗아 버리는 것이나 다름없다.
- 힘들어하면서도 아이 스스로 해내는 경험은 돈으로 가치를 매길수 없다. 아이는 자신이 힘들었지만 스스로 해냈다는 성취감을 크게 느끼게 되고 이는 자아 성장, 자존감의 성장으로 이어져 사회성 발달에도 긍정적인 영향을 줄 수밖에 없다.
- 아이가 힘들어하는 게 안쓰럽기도 하겠지만 부모는 오히려 뒤로 물러나서 아이의 시행착오 기회를 빼앗지 않고 인내심으로 견뎌

주어야 한다.

- 신체적인 자조행동이 어느 정도 정착되었다면 다음 단계는 생각
  하고 행동하기의 단계다. 아이가 스스로 일상적인 활동을 해내는
  것으로 모든 기회를 다 주었다고 안심하면 안 된다. 아이에게 있
  어 생각하고 행동하는 단계는 사실 높은 산이다. 많은 부모들이
  힘들어하고 쉽게 놓치는 것 중 하나다.
- 아이가 물컵을 엎질렀을 때의 상황을 예로 들어 보자. 많은 부모
  들이 바로 물을 닦으며 상황을 빨리 처리한다. 아이는 멍하니 그
  모습을 바라만 보면 된다. 여기서 놓친 것은 무엇일까?
- 아이 스스로 그 상황을 어떻게 처리할지 고민하고 갈등하고 행동
  하고 그 결과에 대한 책임을 지는 과정을 부모가 빼앗아 버린 것
  이다. 부모는 답답하고 당황스럽겠지만 아이에게 이렇게 말해 보
  자. "아! 물이 엎질러졌네. 어떻게 해결하면 좋을지 생각해 보자!"
  아이가 생각났다고 말하면 그대로 수용해 주며 "그럼 그렇게 해
  볼까?" 하고 기회를 준다. 그다음 아이의 노력한 부분을 합리적으
  로 읽어 주며 칭찬해 준다. 물론 완벽하지 않을 수도 있는데 아이
  의 노력을 소중하게 읽어 주는 게 매우 중요하다. 마지막으로 아
  이가 안 볼 때 부모가 깔끔하게 뒤처리를 하면 된다.
- 이렇게 하게 되면 아이는 문제상황에 대해 생각하는 힘이 생기고
  해결하는 능력이 점점 커지게 된다. 이는 사회성 발달에 있어 문
  제해결, 대처능력 등에 즉시 긍정적인 영향을 줄 수 있다는 것을

기억하자.

*표현언어를 늘리자

- 사회성 발달에 있어 가장 중요한 것은 의사소통이다. 의사소통을 통해 정서 교류가 일어나고 친밀한 관계 형성을 하게 된다. 그래서 이 시기 내 아이의 표현언어는 어느 정도 수준인지 꼭 살펴보아야 한다.
- 아이가 주로 행동언어(끄덕끄덕, 손 먼저 나가기, 마음대로 안 되면 징징거리기, 쉽게 포기하고 전환하기, 때리기, 던지기, 삐치기 등)를 쓴다면 부모는 행동을 수정해 주고 표현언어를 늘리는 연습을 시켜 주어야 한다.
- 예를 들어, "빵 먹을 거야?" 하고 부모가 물었을 때, 아이가 고개로 끄덕끄덕한다면 "소리로 표현해 볼까? 네!" 하고 모델링해 준다. 아이가 "네" 하고 따라 하면 "그래, 알겠어!" 하고 반응해 준다. 이는 아이가 그 순간 자기 조절력을 써서 자신의 생각을 표현하는 것이고 이를 통해 자기표현을 할 때 소리를 적극적으로 내는 데 도움이 된다.
- 한편 모든 행동언어는 즉각 2초 이내로 훈육하고 그 행동으로는 뭔가를 얻을 수 없다는 것을 인식시켜 준다. 이때 계속 달래거나 대체물을 주지 않아야 한다는 건 이미 알고 있을 것이다. 아이는 이 과정을 통해 감정조절에 대한 발달과업을 스스로 발달시키고 행동언어로는 아무것도 얻을 수 없다는 것을 배우게 된다.
- 사회성 발달에 있어 표현은 매우 중요하다. 아이가 상황에 적절한

표현을 했을 때 또래관계도 원만해지고 안정적인 관계 유지가 되는 것이다. 부모는 아이의 사회성을 저해하는 모든 행동언어를 관찰해 보고 아이가 습관적으로 쓰고 있지 않는지 점검해 봐야 한다.

* 시행착오를 견디는 힘을 충분히 주자

- 아이가 세상을 살아가는 데 있어 가장 중요한 것은 어쩌면 인내심일 수도 있다. 시행착오를 견디는 힘은 자기 조절력의 확장에 큰 힘이 된다. 아이는 시행착오 과정에서 많은 자기 조절력을 성장시키고 그 과정 없이는 성취감으로 이어지기 힘들 수 있기 때문이다.
- 부모가 아이에게 얼마나 많은 시행착오 경험을 주었는가에 따라 아이는 스스로 할 수 있는 것들이 안정적으로 자리 잡고 있다. 왜냐하면 발달적으로 아이가 할 수 있는 일들이기 때문이다. 하지만 부모에 따라서는 아이가 힘들어한다며 방법을 빠르게 제시해 주거나 "엄마가 같이 도와줄게!" 하며 침범행동을 서슴없이 하기도 한다.
- 자로 잰 듯 아이는 부모가 도움을 주었던 시점에서 의지나 목표의식을 쓰지 않는다. 이렇게 정확한 자도 없다. 자기 스스로 했던 부분만 쓰고 나머지는 징징거리거나 도움을 청하며 쓰지 않는다. 그래도 아이가 힘들어한다며 도움을 줘야 하겠는가! 말하지 않아도 이해했을 것이다.
- 아이의 사회성 발달에 있어 지루함을 견디고 양보하고 배려하고 규칙을 지키는 것은 매우 큰 자기 조절력을 필요로 한다. 그 힘을 키우는 것은 자조행동을 늘리는 것뿐만 아니라 시행착오를 경험

할 때도 부모가 들어가지 않아야 가능하다. 마치 벽이 있는 방을 손으로 밀어서 확장하듯 아이가 힘들어하는 시간을 좀 더 기다려 주고 그 시간이 길어지더라도 기다려 주는 힘이 필요한 것이다.

* 또래에게 다가가는 방법을 점검하자

- 아이에 따라 자기중심성이 높거나 자기 조절력이 약화된 경우 또래에게 다가갈 때 다소 미성숙한 태도를 보인다. 얼굴을 만지거나, 심지어 때리기도 한다. 이는 또래에게 불쾌감을 줄 뿐만 아니라 사회화로 가는 데 걸림돌이 된다.

- 이 행동의 근본적인 뿌리는 사실 자조행동에 대한 침범, 의지행동, 부모와의 정서적인 독립이 이루어지지 않았을 때 나타난다. 그래서 부모는 아이의 사회성 발달을 위해 자조행동을 넘기고 아이의 발달과업에 침범하지 않아야 한다. 그리고 문제해결 상황에서는 시행착오 경험을 충분히 주면서 아이의 사회 성숙도를 높여 주어야 한다.

- 아이는 상황에 대한 자기 조절력을 써서 친구에게 어떻게 다가갈지 생각하고 또래 표정도 살펴본 후 "○○야, 놀자!" 하고 다가가야 한다. 이렇게 다가가는 과정에서도 사실은 많은 자기 조절력이 필요한 것이다. 하지만 평소 자기 조절력의 확장이 없던 아이는 비축해 둔 자기 조절력이 부족하기 때문에 매우 본능적이고 충동적으로 다가가게 된다.

- 평소 부모는 아이의 자기중심성을 낮춰 주고 자기 조절력을 충분히 쓰도록 기회를 주면서 사회화에 필요한 에너지를 저장해 주어

야 한다.

* 문제 상황에서 해결 방법에 집중하도록 이끌어 주자

- 아이가 평소 자기중심성이 높고 정서적 예민성이 높아진 상태라
면 문제 상황에서 매우 예민한 반응을 보일 수 있다. 아이에 따라
서는 울고 떼쓰고 때리기도 한다. 주변 물건을 집어던지거나 문
제상황을 즉각 회피하기도 한다.

- 이는 사회성 발달에도 부정적으로 작용한다. 아이가 정서적 예민
성이 높아져서 행동언어가 나오지 않도록 평소 자기중심성을 낮
춰 주고 2초 이내에 훈육하는 연습이 중요하다. 아이가 바람직하
지 않은 행동을 하더라도 대충 넘어가거나 말로만 그러지 말라고
하는 건 훈육을 전혀 하지 않는 것과 같다. 부모는 아이 마음대로
되지 않는 것에 대해 알려 줘야 하고 바람직한 행동이 아닐 경우
말은 부드럽게 하되 훈육을 단호하고 민첩하게 해 줄 수 있어야
한다.

- 아이가 문제 상황을 회피할 때는 "앉아서 다시 해 보자!" 하며 확
장해 주어야 한다. 물론 아이는 힘들어할 수도 있고 안 하겠다고
떼쓸 수도 있다. 하지만 부모는 이때 코끼리와의 씨름을 시작해
야 한다. "다시 해 보자! 아직 블록을 다 쌓지 않았어! 5개만 더 쌓
고 다른 놀이 하자!" 하고 말해 준다. 이 확장 작업은 부모가 아이
와의 놀이에서 자기 조절력을 성장시키기 위해 꼭 필요한 것이
다. 부모 또한 많은 에너지가 필요하고 아이 또한 힘을 써야 한다.
하지만 이 과정이 반복되고 성공할수록 아이는 다른 문제 앞에서

도 자신감을 보이게 된다. 또한 문제 상황에 집중해서 그 문제를 해결하기 위해 노력하게 된다. 누가 억지로 심어 줘서 갖는 성취감이 아니라 자기 스스로 이겨 내는 과정에서 얻어 낸 성취감은 자존감 향상에 밀접한 작용을 한다.

*상황에 맞게 대처하는 능력을 길러 주자

- 아이에게 상황대처능력을 길러 준다는 것만큼 소중한 일도 없을 것이다. 사회화의 기초단계면서 매우 광범위하게 영향을 주는 영역이라 할 수 있다. 많은 부모들이 이 시기 아이는 아직 스스로 대처능력을 기르기 어려울 것이라 생각한다. 하지만 그렇지 않다.

- 이 시기 아이는 가장 먼저 자조행동을 늘리고 그다음은 상황대처능력을 길러 주는 연습을 해 주어야 한다. 예를 들어, 친구가 넘어져서 무릎에 상처가 났다고 하자. 이때 아이에게 "친구가 넘어졌네? 어떻게 하면 좋을까?" 하고 물어본다. 아이는 "괜찮아? 하고 물어보고 싶어!"라고 자신의 생각을 말하게 된다. 부모는 아이 생각을 존중해주며 응원하는 역할을 하는 것이다. 이러한 과정이 생각과 상황대처능력을 길러 주는 연습과정이라 할 수 있다. 즉, 어떤 상황에서도 답을 주기보다 아이가 생각해서 행동하도록 기회를 주는 것이라 생각하면 된다.

- 이 과정은 아이가 스스로 문제를 해결할 수 있다는 성취감과 자신감을 키워 준다. 아이의 사회화 과정은 어른들이 생각하는 것보다 더 치밀함이 있다. 아이는 또래와의 경쟁, 질투, 양보, 배려, 이해, 기다림, 상호작용, 규칙 지키기 등의 과정에서 많은 스트레스

에 노출되어 있다. 그래서 어떤 상황이 생겨도 스스로 대처할 수 있어야 하고 정서적인 독립을 해 나가야 한다. 이 과정이 탄탄하게 되면 아이는 인지, 정서, 사회성에서 안정적인 균형을 찾아갈 수 있다.

* 또래와 자주 만날 기회를 주자
- 무엇보다 아이의 사회성 발달을 위해서는 또래와 자주 만나서 함께하는 경험을 주는 게 좋다. 부모는 내 아이가 또래와 어떻게 상호작용하고 갈등을 해결하는지 주의 깊게 살펴보아야 한다.
- 만일 내 아이가 또래에게 쉽게 다가가지 못하고 부모에게 자꾸 의지하러 온다면 부모는 어떻게 해야 할까? 아이를 떼어내며 "○○야! 친구들과 같이 노는 거야!" 하고 기다려 준다. 물론 아이는 쉽게 또래에게 가지 않을 것이다. 이때 부모는 손을 잡고 같이 가서 또래에게 "우리 ○○이랑 같이 놀래?" 하고 도와줘선 안 된다. 아이 스스로 또래에게 다가가지 않으면 놀 수 없다는 걸 알려 주어야 한다. 아이가 만일 용기를 내어 또래들이 놀이하는 곳까지 걸어가면 "와! ○○이가 친구들이 놀이하는 곳까지 잘 걸어왔구나!" 하고 아이가 노력한 만큼 칭찬해 준다. 이런 연습과정을 통해 아이가 불안을 낮추고 또래에게 조금씩 다가가는 자기 조절력을 쓰도록 기회를 주자.
- 만일 내 아이가 또래가 타고 있는 그네를 빼앗는다면 부모는 어떻게 해야 할까? 2초 이내로 즉시 "그네를 빼앗지 않아! 기다리는 거야!" 하고 단호하게 알려 준다. 또한 또래를 밀치거나 때리는 행

동을 할 때는 즉각 "때리지 않아! 다쳐!" 하고 즉각 훈육해야 한다. 내 아이가 소리를 매우 크게 지른다면 즉시 손바닥을 위에서 아래로 내리며(이미지 트레이닝) "소리 작게!" 하고 훈육한다.

- 요약하면 부모에게 의지하거나 소심한 행동을 하는 아이는 스스로 다가갈 수 있도록 도와준다. 바람직하지 않은 행동은 즉각 훈육하며(5초 이내로 단호하게 말하며 2초 안에 행동을 끊어 준다) 아이가 자신의 행동에 대한 인식을 바르게 형성할 수 있도록 지속적으로 도와준다.

- 아이는 최대 9세까지는 부모와의 의사소통, 정서 교류, 양육환경 등의 영향을 받으며 사회성을 발달시킨다. 아이의 사회화에 필요한 부모의 역할에는 기다려 주고 훈육하며 합리적으로 칭찬해 주는 단순한 공식이 숨어 있다 할 수 있다.

5. 행동언어를 점검하고 훈육 방법을 빨리 찾자

앞에서 행동언어와 표현언어의 맥락에 대해 많이 언급했다. 여기서 '행동언어'는 때리기, 물기, 떼쓰기, 던지기, 소리 지르기, 토라지기, 무반응, 선별적 반응, 강화행동, 왜곡된 관심 등이 해당된다. 이러한 행동언어는 아이의 전반적인 발달은 물론 정서와 사회성에도 영향을 미치게 된다.

가장 먼저 행동언어가 많아지면 표현언어가 줄어든다. 즉, 징징거리고 떼쓰기가 많은 아이는 자기표현이 필요한 순간에 제대로 감정을 표현하지 못한다. 그리고 꼭 필요한 말을 제대로 하지 않아 울어 버리기도 한다. 행동언어를 쓰는 습관이 강한 만큼 표현언어가 익숙하지 않기 때문이다. 아이에 따라서는 인지기능은 뛰어남에도 불편한 상황에서 성숙도가 낮은 행동을 보이기도 한다. 이는 행동언어가 가지고 있는 강력한 힘임을 인식해야 한다.

　행동언어와 표현언어는 서로 줄다리기를 하며 서로의 영역을 확보하기 위해 싸운다. 행동언어는 충동적이고 본능적인 면이 있어서 부모가 적절하게 표현언어의 확장을 해 주지 않으면 쉽게 표현언어를 장악해 버린다. 그래서 점점 자기표현이 줄어들고 인사도 잘 안 하고 소심한 아이로 변해 가는 걸 지켜보게 된다. 부모는 이때 가장 큰 딜레마에 빠진다. '사랑으로 애지중지 키우고 있는데 우리 아이는 왜 이리 소심할까?' 하는 생각으로 가득 찬다. 아이의 소심함과 낮은 표현언어는 결국 행동언어가 곳곳에 숨어 있다는 증거이기도 하다. 부모는 아이의 행동언어를 점검하고 그에 따른 훈육 방법을 찾아서 아이가 적극적인 표현을 하도록 도와주어야 한다.

　다음은 앞에서 열거한 각각의 행동언어를 어떻게 훈육할지 방향성을 함께 찾아보고자 한다. 부모들이 가장 어려워하는 상황이기도 하고 표현언어를 늘리기 위한 중요한 과정이라 할 수 있다.

*때리는 아이 훈육법

- 이 시기 아이가 누군가를 때리는 것은 아이의 기질이나 성격과는 많은 상관이 없을 수도 있다. 아이는 환경 속에서 불편한 감정이 생겼을 때 때리는 걸 학습했다고 이해하면 맞을 것 같다.
- 때리는 행동은 결국 자기중심성과 정서적 민감성이 높아짐으로 인해 상황을 몇 배로 크게 인식하는 것에서부터 출발한다. 일반적인 경우는 A라는 상황을 인식할 때 10 중에 2 정도의 불편감이라면 내 아이는 자기중심성과 정서적 민감성이 높아져 있어 10 중에 6~7 정도로 불편감을 느낄 수 있다. 그러면 가장 본능적인 자기방어 형태인 '때리기'가 나올 수 있다.
- 때리는 행동은 자신 때리기, 또래 때리기, 부모 때리기 등 다양한 형태로 나온다. 대부분의 부모들은 이렇게 반응한다. "어허! 때리는 건 안 된다고 했지. 때리면 돼요, 안 돼요? 잘못했어요, 안 했어요?" 하며 잘잘못을 가리며 교육하는 형태로 훈육한다. 하지만 소용없다.
- 아이가 때리는 행동을 할 경우 2초 이내로 행동을 막으며 단호하게 말한다. "때리지 않아! 아파!" 하면 끝이다. 열 번을 반복하더라도 일관되게 대처하며 "때리지 않아! 아파!" 하고 훈육하면 된다. 아이는 이 과정이 불편하긴 하지만 몇 번의 반복을 통해 때리면 안 된다는 걸 인식하게 되고 때리는 행동이 급격히 줄어들 수 있다.
- 이 과정에서 아이는 때리고 싶을 때 자기 조절력을 써서 참을 줄 알게 되면서 자기중심성과 정서적 민감성도 함께 떨어지게 된다.

결국 자기중심성과 정서적 민감성을 떨어뜨리는 최고의 영양제는 자기 조절력을 쓰는 것임을 다시 한번 알 수 있다.

- 아이가 때리는 행동을 하다가 부모가 막으면 울면서 부모에게 안기는 아이도 있다. 하지만 이때 안아 주지 않는다. 아이는 정서적으로 혼란스러운 상황에서 의지하러 오는 것이기 때문에 아이 스스로 울음을 멈추고 때리는 행동을 멈추도록 훈육해야 한다.

- 아이가 때리는 행동을 멈췄을 때 부모는 마무리 훈육을 한다. "그래, 이렇게 때리지 않는 거야!" 하고 안아 준다. 아이는 부모가 자신의 행동을 통제하고 훈육했음에도 뭔가 기분이 좋고 다시는 때려서는 안 된다는 걸 알게 된다. 이러한 과정이 일관되고 단호하게 잘 형성된다면 아이의 때리는 행동은 매우 짧은 시간에 사라질 수 있음을 기억하자.

* 무는 아이 훈육법

- 아이의 성향에 따라 '나 정말 화났어!'의 메시지로 상대방을 무는 아이가 있다. 이는 기질적으로 활발하고 활동량이 큰 아이의 경우 나타날 수 있다. 부모는 매우 당황해서 아이를 크게 혼내기도 하고 아이가 물까 봐 불안해하기도 한다. 혹시 커서도 타인을 물고 공격하는 아이가 되지 않을까 노심초사한다. 하지만 그러지 않아도 된다.

- 아이의 무는 행동언어의 출발은 아이 입장에서 가장 무서운 공격법을 찾아낸 것이다. 마치 호랑이처럼 내가 이렇게 화가 나 있고 무섭다는 걸 알려 주고 싶은 심리다. 이때 부모는 아이에게 그렇

게 하지 않아도 됨을 인식시켜 준다.

- 즉, 아이가 무는 행동을 할 때 2초 이내로 즉각 행동을 멈추며, "그만, 물지 않아! 멈춰!" 하고 말해 준다. 계속 힘을 주며 물려고 해도 힘으로 아이의 행동을 멈출 수 있어야 한다. 코끼리와 씨름을 한다고 생각해야 한다. 태풍이 와서 나를 흔든다고 생각한다. 물러서지 않고 부모는 단호하고 일관되게 아이의 행동을 끊어 주며 "그만, 물지 않아! 멈춰!" 하고 말한다. 아이가 무는 행동을 멈추면 "그래, 너는 물지 않을 수 있는 아이야!" 하고 합리적으로 칭찬해 준다.

- 아이에 따라서 또래를 물어서 문제가 되는 경우도 발생할 수 있다. 많은 부모들이 또래를 무는 아이의 행동을 너무 크게 걱정하고 불안해한다. 하지만 모든 훈육에는 공식이 있다. 2초 이내로 행동을 끊어 주며 5초 이내로 짧고 단호하게 말하며 훈육하면 된다. 아이는 행동의 경중을 따질 만큼 아직은 성숙도나 발달이 채워지지 않았다. 그래서 이 행동을 하면 가벼운 것이고 저 행동을 하면 무거운 것이라는 경중에 치우치지 않아도 된다.

* 떼쓰는 아이 훈육법

- 많은 부모들이 힘들어하는 상황이 바로 '떼쓰기'다. 달래도 보고 혼도 내 보고 대체물도 주면서 떼쓰는 상황을 빨리 벗어나고 싶어 한다. 아이는 이런 부모 마음을 정확히 읽고 있다. 우리가 흔히 말하는 '머리 꼭대기에 앉아 있다'의 순간이다. 어찌 보면 아이는 자신의 요구사항을 얻어 내기 위해 가장 강력한 표현으로 '떼쓰기'

를 선택하는 것이다.

- 그렇다면 부모는 어떻게 대처해야 할까? 아이는 가장 강력한 표현인 떼쓰기를 통해 원하는 것을 얻게 된다면 지속적으로 이 표현을 꺼내 쓰게 된다. 아이는 이 과정에서 이 표현을 마음속 주머니에 소중하게 넣어 두게 된다. 절대 버리고 싶지 않은 하나의 강한 카드이기 때문이다.

- 강한 카드를 꺼내 쓰며 떼를 쓰는 아이에게 부모는 단호하고 명확하게 알려 준다. "오늘은 아이스크림을 먹을 수 없어!" 하고 아이가 수용해야 하는 상황에 대해 5초 이내로 말한다. 아이가 계속 운다고 또 말하고, 또 말하고 하지 않는다. 말하고 기다리기 1~2분 법칙을 사용하여 어느 정도 간격을 두고 단호하게 말해야 한다. 아이는 자신의 강력한 카드를 꺼내며 계속 떼를 쓸 것이고 30분 이상 떼쓸 수도 있다. 그래도 부모는 그 카드를 버리도록 씨름해 주어야 한다. 말하고 기다리기를 반복하면서 부모가 물러서지 않았을 때 아이는 떼쓰기를 멈춘다.

- 아이가 떼쓰기를 멈추고 상황을 받아들이거나 다른 상황으로 전환이 되면 부모는 마무리 훈육을 한다. "그래, 잘했어! 아이스크림은 내일 먹을 거야! 다음엔 울지 않고 받아들이기 하자!" 하고 마무리한다. 아이는 이때 자기중심성이 낮아지고 정서적 민감성도 줄어들게 된다. 그리고 자기 조절력을 쓰게 되면서 성취감과 자아 탄력성 저장고에 저축이 된다.

- 전반적으로 떼쓰기가 많은 아이는 다른 영역의 불균형도 함께 동반되는 경우가 많다. 즉, 선호하는 것에는 집중을 잘하지만 그렇

지 않은 것에는 매우 산만한 양상을 띠기도 한다. 그래서 전반적인 수행능력이 저하될 수 있고 또래관계는 물론 기관적응에서도 산만하다는 평가를 받을 수도 있다. 따라서 부모는 아이의 떼쓰는 행동에는 아무것도 해 줄 수 없다는 인식을 심어 주는 것에 집중해야 하고 버텨 주어야 한다. 그렇게 함으로써 아이는 자신의 발달과업을 성장시키고 적응력이 높아질 수 있다.

* 던지는 아이 훈육법

- 아이의 기질과 성향에 따라 활동성이 높을 때 던지는 행동을 하는 경우가 있다. 던지는 행동은 처음 본능적으로 우연히 시작됐지만 부모가 적절한 훈육을 하지 못했을 때는 매우 자주 반복될 수 있다.
- 아이가 던지는 행동을 하는 원인은 결국 정서적 민감성이다. 자기중심성이 높아져 있는 상태에서 부모가 자신이 원하는 대로 해 주지 않았을 때 정서적으로 매우 민감해지면서 던지는 행동으로 이어지는 것이다. 즉, 화가 나고 불쾌한 순간에 자기 조절력을 전혀 쓰지 않는 것이라 할 수 있다.
- 부모에 따라 아이가 던지는 행동을 할 때 귀엽다고 웃기도 하고, 볼을 꼬집거나, 뽀뽀를 하며 훈육하기도 한다. 또한 이미 계속 던지고 있는 아이에게 말로만 "던지면 안 돼!" 하며 힘없이 뒤따라가는 훈육을 하는 경우도 있다. 하지만 이러한 훈육 방법은 생각보다 부정적인 결과로 이어짐을 잊지 말자.
- 때리는 행동과 마찬가지로 던지는 행동도 일관되고 단호하게 2초 이내에 훈육한다. "던지지 않아!" 하고 말하며 행동을 끊어 준다.

혹시 아이가 물건을 던졌다면 가져오게 해서 부모가 모델링을 해준다. 물건을 살짝 내려놓으며 "이렇게 살짝 놓는 거야!" 하고 알려 준다. 만일 아이가 계속 던지기를 한다면 과감하게 그 행동을 끊어 주며 반복한다. "던지지 않아! 이렇게 살짝 놓는 거야!" 하고 말해 준다.

- 던지는 행동은 생각보다 상황의 위험성이 존재한다. 물건이 깨지기도 하고 타인을 다치게 할 수도 있다. 그래서 행동언어 중 즉시 빠르게 대처하고 훈육해야 하며 아이가 더 이상 던지는 행동을 하지 않도록 이끌어 주어야 한다.

* 토라지는 아이 훈육법

- 아이에 따라 정서적 민감성의 표현으로 토라지는 행동을 자주 하는 경우가 있다. 문을 닫고 들어가거나 엎드려서 슬프게 우는 행동을 하기도 한다. "엄마 미워!" 하며 언어공격을 하기도 한다. 자주 토라지는 아이는 과연 기질이나 성향의 문제로 생각하는 게 맞을까?

- 답은 아닐 수 있다. 아이는 행동언어를 통해 자신이 원하는 것을 얻어 냈을 때 그 행동을 절대 버리지 않는다. 매우 자주 나타나며 행동은 강해진다. 부모는 우리 아이는 저런 특징을 가지고 있다며 기질이나 성향으로 치부하려 한다. 하지만 아닌 경우도 매우 많다는 데 집중하자.

- 아이가 토라지는 행동을 할 때 많은 부모들이 달래기를 쓴다. 문을 열고 따라 들어가거나 아이가 엎드려서 울면 달래기를 하며 계

속 말을 한다. 이는 아이의 감정 속에 부모가 풍덩 들어가서 허우적거리는 것과 마찬가지다. 아이는 매우 강하게 자신의 불편한 감정 속으로 부모를 끌어당긴다. 그 당기는 행동은 울기, 토라지기, 슬퍼하기, 언어공격하기, 짜증 내며 크게 울기 등으로 강하게 나타날 수 있다. 이때 많은 부모들이 같이 화를 내기도 하고 대체물로 달래기를 하며 아이 감정 속에 빠져 버린다.

- 그렇다면 토라지는 아이에게 어떻게 대처하는 게 필요할까? 우선 토라지며 행동언어를 쓰는 아이에게 단호하게 말한다. "○○이가 속상하겠지만 지금은 ○○를 해 줄 수 없어!" 하고 훈육한다. 그리고 아이에게 스스로 감정조절을 하고 나오라는 메시지를 마지막으로 던지면 된다. "○○이가 마음 풀리면 나오는 거야!" 하고 말해 준다. 이것으로 1차 훈육은 끝이다. 어떤 개입도 어떤 달램도 주지 않아야 한다. 기다려 주면 된다.

- 만일 아이가 한참 만에 나오면 "○○이가 이제 괜찮아졌구나! 다음엔 안 되는 것도 받아들이기 하자!" 하고 말해 주며 훈육을 마무리한다. 즉, 훈육의 마무리는 '다음엔 이렇게 해 보자' 하는 것이다. 대부분의 부모들은 훈육을 1차 단계에서 하며 매우 혼재된 양상으로 개입하게 된다. 이는 아이의 행동언어를 더욱더 강하게 만들 수도 있다.

- 토라지는 아이의 경우 또래 관계에서 자주 토라져서 집에 돌아오는 경우로 이어질 수 있다. 따라서 부모가 아이 스스로 불편한 감정을 추스르고 이겨 내도록 기다려 주는 시간이 중요한 역할을 하는 것이다.

* 선별적 반응 훈육법

- 아이가 선별적으로 대답하는 경우는 어떤 것일까? 자기 조절력이 낮은 아이는 자신이 좋아하는 주제에 대해서는 매우 적극적으로 표현하지만, 그렇지 않은 주제에 대해서는 '못 들은 척'이 많을 수 있다. 많은 부모들이 이 상황을 그냥 넘어가 버린다. 그냥 한곳에 몰입해서 그런다고 생각하는 경우가 많다. 하지만 아이는 그냥 '대답하기 싫어!' 하고 답하는 것이라 할 수 있다. 부모가 어떤 때는 답을 하도록 유도하고 어떤 때는 그냥 넘어가게 된다면 아이는 더 강하게 무반응을 쓰게 된다. 또래관계에서도 자신이 좋아하는 질문이나 주제에 대해서만 표현을 적극적으로 하고 나머지는 대충 한다. 그래서 사회성에도 영향을 미치게 되어 있다.

- 아이가 선별적 반응을 보이면 부모는 아이가 하고 있는 것을 멈추고 부모를 바라보게 한 후 다시 질문한다. 아이가 대답하면 "그렇구나! 이제야 ○○이 마음을 알겠어! 다음엔 엄마가 물으면 바로 대답하자!" 하고 훈육한다. 선별적 반응은 하루에도 몇 번씩 나올 수 있는데 부모는 하나도 놓치지 않고 아이 반응을 이끌어 낸다는 생각으로 집중해서 훈육해 줄 필요가 있다.

- 선별적으로 답하는 아이는 불호에 대한 자기 조절력이 저하되어 있다. 그래서 부모는 불호 질문이라도 아이가 즉각 대답해 줘야 한다는 것을 가르쳐서 자기 조절력을 강화해 주도록 한다. 결국 아이는 또래 관계에서 불호 상황에서도 자신의 자기 조절력을 꺼내 쓰며 기다려 주고 답해 주고 표현하는 것을 배워야 하는 것이다.

*강화행동 훈육법

- 아이가 자신의 요구사항을 얻기 위한 전략이 우리가 생각하는 것
보다 명석하다. 예를 들어 장난감을 얻기 위해 한 번 머리를 뒤로
박으며 울었더니 장난감이 생겼다고 하자. 그러면 아이는 자신이
원하는 것을 부모가 해 주지 않으면 바로 이 행동 카드를 꺼내 쓰
게 되어 있다. 그래서 매우 자주 더 강하게 이 행동을 하는 것이
다. 이게 바로 '강화행동'이다. 현장에서 가장 많이 만나는 행동언
어도 이 '강화행동'이다.

- 강화행동은 생각보다 아이 발달과업에 대한 수행능력, 사회성 등
에 부정적으로 작용한다. 울어서 뭔가를 얻어 냈던 친구는 유치
원에서도 우는 행동이 잦다. 던져서 얻어 낸 아이는 유치원에서
도 화가 나면 자주 던진다. 그 외 다른 모든 행동언어들이 대부분
강화행동에서 출발했다고 볼 수 있다.

- 자기중심성이 높아진 아이는 귀찮거나 지루하거나 불편한 주제
나 상황을 견디는 힘이 약해져 있다. 이 상황에서 그것을 안 하고
싶거나 반대로 좋아하는 것을 얻어 내고 싶을 때 부모를 이리저리
흔들기 시작한다. 이때 부모는 아이의 강화행동에 쉽게 휩쓸리며
달래다가 결국은 화를 내게 된다. 이는 양육의 질을 떨어뜨리고
부모의 양육 효능감 또한 낮아지게 만든다.

- 그렇다면 강화행동에는 어떤 훈육이 필요할까? 우선 아이에게 '아
무리 그 카드를 꺼내도 엄마는 움직이지 않아!'를 가르쳐야 한다.
즉, 아이가 쓰는 그 카드는 아무 힘이 없다는 것을 가르쳐 주는 것
이다. 예를 들어 아이가 놀이터에서 집에 안 가겠다고 악을 쓰며

운다. 이때 부모는 단호하고 짧게 5초 이내로 말한다. "더 놀고 싶겠지만 지금 들어가야 해! 받아들이기 하는 거야!" 하고 말한다. 아이는 당연히 악을 쓰며 울 것이다. 그래도 부모는 우는 아이를 데리고 집으로 가는 용기가 필요하다.

- 강화행동은 행동언어의 집합체라 할 수 있다. 강화행동은 아이가 가장 편한 방법을 학습하여 표현하는 것이기 때문에 편한 카드 하나를 꺼내 쓴다고 이해하는 게 맞다. 이에 맞서 부모는 '그 카드는 버려! 이제 쓸모없어!' 하며 아이의 강화행동과 씨름해 주어야 한다.

* 왜곡된 관심 훈육법

- 첫째 아이의 경우 둘째가 태어났을 때 그동안 안 보이던 행동을 하는 경우가 있다. 어떻게 하면 부모의 관심을 독차지할 수 있을까 밤낮으로 고민한다. 왜냐하면 혼자 차지하던 사랑을 동생에게 나눠 주어야 하는 상황이기 때문이다.

- 특히 부모가 동생에게 편중된 양육방식을 취하고 있을 경우 '왜곡된 관심'이 생겨나게 된다. 가장 흔하게 보이는 왜곡된 관심으로는 동생을 따라 하는 퇴행행동, 자기도 안아 달라며 응석부리는 행동 등이 있다. 하지만 이런 행동은 쉽게 관찰되고 귀엽게 넘어갈 수도 있다. 문제는 왜곡된 관심이 매우 크게 나타날 경우다. 예를 들어 툭하면 울기, 여기저기 아프다고 하기, 동생 괴롭히기, 눈 감기, 다리 절기, 자기만 봐 달라며 불안해하기 등이다.

- 툭하면 우는 행동은 어느 날 우연히 속상해서 크게 울었는데 부모가 자신을 안아 주고 달래 주는 상황이 이어졌다고 하자. 그러면

아이는 툭하면 우는 행동으로 왜곡된 관심을 끌 수 있다. 조금만 속상해도 울고, 슬퍼도 울며 부모의 관심을 자신 쪽으로 돌리기 위해 강하게 애를 쓴다. 이때 부모는 어떻게 해야 할까? 아이에게 단호하게 말해 준다. "○○야, 안 울어도 돼!" 하고 짧게 말한 후 더 이상 관심을 두지 않아야 한다.

- 여기저기 아프다고 하는 행동은 어떻게 생겨났을까? 아이가 실제 아팠던 적이 있었는데 부모의 관심이 온통 자신에게 쏠리는 걸 경험했던 경우에 해당된다. 눈이 아프다고 하다가 배가 아프다고 하는 등 이곳저곳이 아프다고 말하며 관심을 끈다. 물론 실제로 아플 수 있으니 병원 진료는 필수다. 하지만 병원에서 아무 이상이 없다고 할 경우는 무반응으로 대처한다. 즉, 눈이 아프다고 하는 아이에게 다른 주제로 넘어가며 눈에 대한 관심을 전혀 두지 않는 것이다. 그러면 아이는 관심 끌기에 아무 효과가 없는 이 행동을 점점 안 하게 된다.

- 동생 괴롭히는 행동은 어떻게 생겨났을까? 자신이 받아야 하는 사랑을 나눠야 한다는 것도 속상한데 부모는 동생 편인 것 같고 자신은 소외된 것 같은 마음이 들 때 출발한다. 동생이 가해자가 되도록 만드는 것이다. 예를 들어, 자신이 좋아하는 블록을 높게 쌓으면 동생이 와서 무너뜨릴 수 있다는 걸 알고 있다. 마침 동생이 블록을 만지다가 무너뜨린다. 이때 심하게 분노하며 "엄마, 동생이 무너뜨렸어요!" 하며 도움을 요청한다. 이는 관심도 끌지만 부모를 자신의 편으로 만들 수 있는 기회다. 한편 동생에게 놀리는 말을 해서 동생이 자신을 때리거나 밀치도록 만들어서 부모가

자신을 위로하도록 하는 행동도 있다. 말 그대로 왜곡된 관심이지 아이의 성향은 아니니 걱정하지 않아도 된다.

- 다만 동생을 괴롭히는 상황에서 부모는 누구 편에도 서선 안 된다. 그냥 우는 소리가 나는 아이들 쪽을 향해 "사이 좋게 놀자!" 하고 말해 주는 것으로 관심을 끝내자. 누구 하나는 도움을 청하기 위해 부모에게 올 것이다. 하지만 밀어내자. "○○이가 직접 말하는 거야!" 하고 누구 편에도 서지 않아야 한다. 아이 둘을 모두 성장시키는 방법이면서 경쟁구도를 없애는 매우 중요한 방법이다.

- 그 외 눈 감기, 다리 절기, 자기만 봐 달라며 불안해하기 등도 마찬가지다. 아이는 우연히 그 행동을 했을 때 부모의 관심이 쏟아짐을 강하게 느낀 것이다. 그래서 그 후로도 그 행동의 힘을 빌어서 관심 끌기를 하는 것이다. 앞에서도 언급했듯 왜곡된 관심은 우리가 섣부르게 판단하기보다 1차적인 대처는 의료적인 진료를 통해 신체적인 증상 유무를 파악하는 게 우선이다. 1차적으로 아무 문제가 없을 때는 거의 왜곡된 관심이 확실시되는 상황이기 때문에 부모는 무관심으로 대처해야 한다.

- 결국 왜곡된 관심을 무용지물로 만드는 가장 강력한 힘은 '무관심'이라는 걸 잊지 말자. 아이는 사실 왜곡된 관심에 온 에너지를 쏟아붓기 때문에 다른 발달과업을 수행하는 데 어려움이 생길 수 있다. 특히 왜곡된 관심이 일상생활은 물론 사회성에도 부정적으로 영향을 준다면 부모는 세밀하게 살펴보고 무관심의 전략으로 대처할 수 있어야 할 것이다.

6. 자기표현의 중요성을 가르쳐 주자

아이가 세상을 살아가는 데 있어 가장 필요한 것은 '자기표현'이다. 자신의 생각과 느낌을 당당하게 표현한다는 것은 사회화에 필요한 도구를 튼튼하게 마련한 것이나 마찬가지다. 아이가 표현을 두려워하고 앞에서 말한 행동언어를 자주 쓰고 있다면 부모는 아이에게 관심을 가져야 한다.

아이의 자기표현을 늘리기 위해서는 가장 먼저 아이가 표현할 수 있는 시간을 충분히 주어야 한다. 부모가 성격이 급해 아이가 생각해서 말할 수 있는 시간을 매번 빼앗아 버린다면 표현하는 것에 대한 의지가 낮을 수 있다.

또한 아이 표현에 대해 잘잘못을 가르거나 매번 가르치려 한다면 아이는 점점 자신의 생각이나 느낌에 대한 표현을 안 하게 된다. 왜냐하면 답이 있을 수도 있고, 자신의 표현이 틀렸을 수도 있다고 인식하기 때문이다.

이렇듯 자기표현은 아이 발달과정에서 과업으로서 가장 중요한 핵심 요소라 할 수 있다. 자기 조절력을 쓰지 않으려는 아이는 표현언어 또한 퇴화되거나 정체되는 양상을 보이기 쉽다. 물론 운이 좋아서 말하기를 좋아하는 아이라면 자기 조절력이 약하다 하더라도 언어표현 자체는 뛰어난 경우도 있다. 하지만 이런 경우 또한 아이가 감정이나 생각을 표현하는 데 있어서는 역시 자신의 어휘력이나 표현력에 비해 표현언어가 약한 것은 마찬가지다.

그렇다면 아이가 자기표현을 잘할 수 있도록 도와주는 방법에는 어떤 것들이 있는지 살펴보자.

* 자기표현은 '소리 표현'이 기본이다
- 부모 중에는 내 아이가 어떤 방법이든 표현을 하면 자기표현이라고 착각하기도 한다. 물론 이 부분에 대한 혼돈은 충분히 있을 수 있다. 하지만 자기표현은 상황에 맞게 소리로 마음을 표현하는 것이다. 그 내용이 유치하고 짧아도 된다. 단, 소리로 표현되어야 한다.
- 아직 언어발달이 더딘 아이라도 울지 않고 짜증 내지 않으며 옹알이처럼 말하는 것도 자기표현이라 할 수 있다. 아이 스스로 자신의 생각이나 감정은 모두 소리로 표현해야 한다는 것을 인식할 줄 알아야 한다. 대충 소리 지르고 징징거려도 자신이 원하는 걸 얻을 수 있다는 인식을 갖지 않도록 가르쳐야 한다. 즉, 아이가 명확한 소리로 생각이나 감정을 전달해야 한다는 것을 부모가 알려 주어야 하는 것이다.
- 자기표현은 추후 아이의 사회성, 대처능력, 문제해결능력, 인지능력에도 영향을 미친다. 앞에서 말한 대로 사회성의 기초공사이기 때문에 사회화에서 필요한 모든 능력에 영향을 미칠 수밖에 없는 것이다.

- 아이의 기질과 성향에 따라 표현언어를 능동적으로 활발하게 쓰지 못하는 경우도 있다. 좀 더 활동적이고 활발한 아이라면 자기표현을 하는 에너지 자체가 높을 수 있다. 하지만 그렇지 않은 아이의 경우는 평소 연습을 통해 표현언어에 대한 흥미와 성취감을 주어도 좋다.

- 자기 조절력 저하의 조건을 배제하고 기질과 성향에 따라 표현언어가 명쾌하게 나오지 못하는 경우도 있다. 이럴 경우 부모가 평소 아이와의 놀이 속에서 표현언어를 연습하는 것도 중요하다. 예를 들어 동화책의 그림이나 사진 자료를 보고 이야기를 추측해서 해 보는 연습이다. 토끼가 당근을 먹고 있는 그림이 있다면 엄마가 먼저 이야기를 꺼낸다. "토끼가 당근을 하나 뽑았는데 조금 작아서 하나 더 뽑을까 생각하고 있어요" 하고 상상한 그림 속 이야기를 한다. 아이에게도 상상해서 토끼의 마음 속으로 들어가서 이야기를 해 보게 한다. 아이가 말을 잘 못 하면 "토끼가 당근을 뽑았어요" 하고 말해도 됨을 알려 준다. 아이가 말을 하면 "아주 잘했어! 토끼가 당근을 뽑아서 기분이 어땠을까?" 하고 질문한다. "기분이 좋아요" 하고 답하면 "그랬구나! 토끼가 당근을 뽑아서 기분이 좋구나!" 하고 풍부하게 한 번 더 읽어 준다.

- 그다음 단계로 그림 한 장을 더 보여 주며 표현언어를 연습한다. 예를 들어 강아지가 밥을 먹고 있는 그림이라고 하자. 이번에는 어떤 모델링이나 설명 없이 아이 스스로 표현해 보도록 기다려 준다. 아이가 "강아지가 밥을 먹어요" 하고 기본적인 표현을 하면

"아주 잘했어! 강아지가 밥을 먹고 있구나!" 하고 반응을 풍부하게 해 준다. 그리고 아이에게 다른 이야기는 없는지 물어보고 없다고 하면 그대로 멈춰도 된다. 하지만 작은 표현이라도 말하면 반응을 풍부하게 해 주며 표현에 대한 흥미와 성취감을 주는 게 좋다.

- 아이의 생각과 표현이 자연스럽다는 것은 심리적. 정서적. 사회적으로 아이가 균형을 맞추고 있다는 뜻이기도 하다. 반대로 아이의 생각과 표현이 왜곡되거나 행동언어로 표현된다면 불균형 상태임을 나타내는 것이다. 부모는 평소 내 아이가 표현언어를 얼마나 상황에 맞게 쓰는지 점검하고 관찰해야 할 것이다. 또한 표현언어가 잘되지 않는다면 행동언어가 아이 표현에 많은 부분을 차지하고 있지 않은지 눈여겨볼 필요가 있다.

* 아이의 자기표현에 대해 합리적인 칭찬을 해 주자

- 부모는 아이의 어떤 표현도 귀엽고 사랑스럽다. 그래서 부모 중에는 훈육 과정에서도 웃어 버리거나 아이를 쓰다듬기도 한다. 훈육은 아이에게 바람직한 방향을 알려 주는 시간이기 때문에 오염이 들어가지 않아야 한다.
- 아이의 다소 부족한 자기표현이라도 부모는 하나하나 노력을 읽어 주도록 한다. 예를 들어 "물 주세요" 하고 말하는 아이에게 "ㅇㅇ이는 '물 주세요'를 잘 말하는 아이구나!" 하고 읽어 주는 것이다. 또한 아이가 "사과 말고 배 주세요" 하고 말하면 "ㅇㅇ이는 자신이 좋아하는 과일을 잘 말하는 아이구나!" 하고 읽어 주는 것이다.

- 다시 말해 아이가 생각이나 감정을 표현한 만큼 뒤따라가며 합리적으로 읽어 주는 것이다. 아이의 표현에 대한 노력이 얼마나 소중한 것인지 그대로 읽어 주는 노력을 하는 것이다.
- 아이는 표현하는 것에 대한 성취감과 흥미, 나아가서는 표현에 대한 자신감을 가질 수 있게 된다. 그리고 자신의 생각이나 대처가 필요한 상황에서 울지 않고 명확하게 자기표현을 할 수 있는 아이로 자라게 된다.

* 아이의 자기표현을 이끌어 내기 위해 강압적인 방법을 쓰지 않는다
- 간혹 부모 중에는 아이의 기관 생활이 어땠는지 궁금하여 추궁하는 식으로 표현언어를 끌어내려고 하는 경우가 있다. 아이는 이 시간이 매우 괴로운 시간이 될 수 있다. 생각은 안 나고 어떤 이야기를 해야 할지 몰라 당황스러운 것이다. 그래서 대부분 "생각 안 나!" 하고 말하고 입을 닫아 버린다.
- 부모는 그런 아이가 너무 안타까워 아이가 좋아하는 뭔가를 주면서까지 이야기를 억지로 끌어내는 경우가 있다. 이는 한시적이고 제한적이어서 아이의 자기표현을 늘리는 데는 전혀 도움이 되지 않는다.
- 그렇다면 강압적인 방법을 쓰지 않고도 아이 표현을 이끌어 낼 수 있는 방법이 있을까? 바로 부모가 큰 욕심 내지 않고 아이가 어떤 말을 하더라도 우선 존중해 주는 것이다.
- 예를 들어 엄마가 아이에게 "오늘 유치원에서 친구들과 잘 놀았어?" 하고 물었을 때 아이는 "생각이 잘 안 나!" 하고 답한다고 하

자. 부모는 "그래, 생각 안 날 수도 있어! 혹시 생각나면 아주 작은 거라도 엄마한테 말해 줄 수 있을까?" 하고 시간 제한 없이 기다려 주는 것이다.

- 부모가 한 걸음 물러나는 순간 아이는 능동적으로 기억을 떠올려서 엄마에게 말해 주고 싶은 생각이 커질 수도 있다. 어떤 경우도 강압적이고 억지스러운 훈육은 결국 그때만 안정될 뿐 아이의 능력을 끌어올리거나 발달과업을 수행하는 데는 도움이 되지 않을 수 있다. 좀 더 기회를 주고 기다려 주면서 아이 스스로 채워 보도록 하는 것이다.

* 행동언어와 표현언어가 동시에 나올 때도 표현언어를 쓰도록 훈육한다

- 아이가 장난감을 갑자기 빼앗는 행동과 함께 울먹이며 "내 꺼야!" 한다면 부모로서 당황스러울 수 있다. 하지만 이 경우는 행동언어와 표현언어를 동시에 쓰는 것으로서 표현언어를 쓰도록 도와준다.

- 행동언어와 표현언어가 혼재된 양상은 결국 행동언어를 쓴 것이나 다름없다. 그래서 부모는 아이에게 울지 않고 다시 정확히 표현하기, 장난감을 빼앗아 가기 전에 말로 먼저 표현하기 등을 단호하게 알려 주어야 한다.

- 이 시기 아이들은 행동언어와 표현언어를 동시에 쓰는 경우가 많다. 많은 부모들이 아이가 어차피 말을 했으니 이건 표현언어라고 착각하는 경우가 있는데 행동언어가 없을 때 표현언어라고 인식하는 게 맞다.

- 행동언어는 어떤 식이든 표현언어의 질을 저하시키고 사회성까지도 침범할 수 있기 때문에 부모는 행동언어가 조금이라도 나온다면 바로 훈육하는 게 필요하다.

* 아이의 자기표현에 대해 설명을 해 보도록 이끌어 준다
- 앞의 모든 상황에서 균형이 잡혀서 아이의 표현언어가 원만한 경우에는 한 번 더 설명하는 시간을 주도록 한다. 이는 아이가 논리적으로 상황을 인식하고 표현하는 데 중요한 역할을 할 수 있다.
- 예를 들어 아이가 "엄마, 저는 비행기 장난감으로 놀고 싶어요" 하고 말했을 때 "그래, 너는 비행기 장난감으로 놀고 싶구나! 비행기 장난감으로 놀고 싶은 이유를 말해줄 수 있을까?" 하고 질문하는 것이다. 그러면 아이는 "비행기는 잘 날고 높은 하늘에 있거든요" 하고 좀 더 자신의 마음을 논리적으로 표현할 수 있는 기회가 생기는 것이다. 간혹 아이의 답이 논리적이거나 매끄럽지 않아도 실망하지 말고 아이가 표현했다는 것에 대한 풍부한 반응을 해 주는 게 좋다.
- 아이가 자신의 생각이나 감정을 상황에 맞게 표현하고 타인에게 존중받는 경험은 매우 중요하다. 이는 아이의 또래관계나 환경에서 생기는 다양한 문제를 해결할 수 있는 능력으로 이어지게 된다.
- 이렇듯 자기표현에 대한 자신감을 획득한 아이는 생각이나 감정을 적극적으로 표현한다. 이는 아이가 정서적으로 독립하여 사회화로 가는 첫 단추를 잘 꿰었다고 말할 수 있다.

7. 집중력을 기르자

부모는 내 아이가 아직 학령기 전단계에 있긴 하지만 학습이나 집중에 관련된 고민을 점점 하게 된다. 아이가 놀이하다가 산만하게 이동하는 일이 잦아지면 '혹시 우리 아이가 산만한 아이인가?' 하는 걱정을 덜컥 하기 마련이다. 아이의 낮은 집중력은 어디서부터 시작된 것일까?

또다시 20개월 전후로 거슬러 올라간다. 자기 주도성과 자율성이 싹을 틔우는 20개월 전후부터 아이는 자신이 하고 싶은 대로 하고자 하는 힘이 강해진다. 이것은 본능이기 때문이다. 이때부터 부모는 놀이와 일상에서 아이가 충분히 자기 조절력을 쓸 수 있도록 이끌어 주는 양육태도가 필요하다. 하지만 많은 부모들이 아직은 아이가 어리기 때문에 그럴 필요가 없다고 생각하는 것 같다.

하지만 그렇지 않다. 아이가 놀이를 하다가 이리저리 장난감을 바꾸며 이동을 할 때도 부모가 아이를 다시 앉혀서 놀이를 좀 더 길게 하도록 이끌어 주어야 한다. 일상에서도 뭔가를 하다가 자꾸 장난을 치거나 다른 행동을 하면 즉각 2초 이내로 끊어 주어야 한다. 왜냐하면 아이가 전환하고 이동할 때마다 훈육을 하지 못하면 산만함은 더 커질 수 있기 때문이다. 아이 뒤만 따라다니며 말로만 훈육하는 경우는 아이의 산만한 행동이 점점 고착화될 수 있다. 부모가 규칙을 정해 주고 아이가 지루하고 힘들어도 자기 조절력을 쓰는 경험을 지속적으로 주어야 하는 것이다.

그렇다면 이 시기 아이의 집중력을 길러 줄 수 있는 방법에는 어떤 것들이 있는지 살펴보자.

* 모든 놀이는 20분 정도는 할 수 있도록 이끌어 준다

- 아이는 자기중심성만 키우게 되면 결국 좋아하는 놀이는 오래 집중하고 그렇지 않은 놀이는 잠깐만 머물고 전환되어 버린다. 이는 일상생활 패턴에서도 똑같이 나타나서 좋아하는 일은 잘하지만 그렇지 않으면 떼를 쓰거나 미루는 양상을 보이게 된다.
- 그래서 아이가 낚시놀이를 하다가 안 잡힌다며 자동차 놀이로 전환된다면 부모는 아이를 다시 낚시놀이로 집중하도록 이끌어 주고 목적행동을 정해 주도록 한다. 예를 들어 낚시놀이에서의 목적행동은 아이에게 "빨간색 물고기만 잡아서 어항에 넣어 볼까?" 하며 부모가 목표를 정해서 아이의 자기 조절력을 쓰도록 도와주는 것이다.
- 아이는 물론 자동차 놀이로 가고 싶어 힘들어할 수도 있고 의외로 빨간색 물고기를 잡아서 어항에 넣는 행동을 잘해 낼 수도 있다. 부모는 아이의 행동에 따라 일관되게 목표행동을 할 수 있도록 이끌어 주고 기다려 주어야 한다. 하지만 너무 시간이 길어지거나 늘어지면 이 또한 패턴으로 굳어질 수 있다. 그래서 아이가 너무 지체하면 1분 간격으로 "빨간색 물고기만 잡아 볼까?" 하며 목표행동을 알려 주며 도전을 끌어내야 한다.

- 아이가 우여곡절 끝에 빨간색 물고기를 다 잡았을 때 부모는 "○
  ○이가 빨간 물고기를 스스로 다 잡았구나! 잘했어!" 하고 칭찬해
  준다.

* 자조행동은 아이에게 모두 넘겨준다
- 앞에서도 이미 많이 언급하고 있지만 자조행동은 아이 발달과업의
  첫 번째 중요한 요소이다. 부모는 내 아이가 여전히 미성숙하고 서
  툴다고 생각하여 모두 도와주거나 허용의 범위가 넓을 수 있다.
- 자조행동과 집중력은 어떤 연관성이 있을까? 자조행동을 하는 과
  정에서 아이는 집중할 수밖에 없고 자연스럽게 자기 조절력을 성
  장시켜 가게 된다. 이러한 과정이 반복되고 성취감을 느끼면서
  어려운 과제를 할 수 있는 힘이 채워진다.
- 이 시기 아이는 스스로 밥 먹기, 양말 신기, 신발 신기, 단추나 지
  퍼 잠그기, 장난감 정리하기, 차례 지키기, 옷 입기, 양치하기, 배
  변훈련 끝내기, 또래관계 형성하기, 표현언어 쓰기, 기다리기, 시
  행착오 경험하기 등의 발달과업이 있다. 발달이나 환경에 따라
  속도의 차는 있을 수 있으나 부모는 아이가 할 수 있는 일에 너무
  많은 침범과 걱정을 하고 있지는 않는지 꼭 점검해 볼 필요성이
  있다.

* 규칙놀이를 해 준다
- 아이는 자신이 좋아하는 놀이를 할 때 집중력이 가장 높다. 아무
  힘을 들이지 않고도 오래 놀 수 있기 때문이다. 많은 부모들이 우

리 아이는 혼자서도 1시간 이상 잘 논다며 집중력이 좋다고 표현하기도 한다. 하지만 그 안에는 많은 비밀이 숨어 있다.

- 20개월 이후 자기 주도성이 높아지는 시기로 들어가면 아이는 자신이 좋아하는 공룡, 자동차, 블록 등에만 몰입하려는 경향을 보인다. 단순히 우리 아이가 공룡을 좋아한다고 생각하기에는 그 몰입도가 너무 깊다는 생각이 들 수 있다. 어디를 가든 공룡만 찾고 공룡 관련된 책이나 캐릭터만 사려 하고 집에서도 공룡 피규어로 온 방을 채우려고 한다. 누군가 자신의 피규어를 조금만 건드려도 악을 쓰고 울기도 한다.

- 만일 우리 아이가 이런 패턴을 보인다면 자기중심성이 높아져서 점점 예민하고 자기 조절력이 약화된 상태로 커 간다고 볼 수 있다. 이를 오랫동안 지속하게 되면 또래관계에서도 자신이 좋아하지 않는 놀이를 하는 상황에는 잘 끼지 못하고 혼자 놀이하는 모습이 자주 나타나게 된다. 또한 친구들이 자신이 좋아하는 블록을 가져가거나 부수면 폭발하듯 힘들어하는 모습을 보이게 된다. 그래서 점점 또래관계는 스트레스가 되고 그냥 집에 있는 게 훨씬 편하다고 생각하게 된다.

- 이는 우리 아이의 사회화에 필요한 자기 조절력의 양이 많이 부족함을 나타내는 것이다. 부모는 잘 살펴보고 단순히 우리 아이 기질이 까다롭다고 생각하기보다 불균형의 증상이라고 이해하는 게 필요하다.

- 규칙놀이는 아이가 자신이 좋아하는 놀이만 하는 게 아니라 불편한 규칙이나 목적을 두고 자기 조절력을 쓰는 연습을 충분히 하도

록 도와주는 것이다. 물론 이를 이끌어 주는 부모는 코끼리와 전쟁을 하는 것과 같은 무게감과 고통이 따를 수도 있다. 하지만 아이가 하나의 주제에만 몰입하고 관심 없는 주제는 배척하고 산만해지는 것을 막기 위한 과정임을 기억하면 좋겠다.

* 좋아하는 놀이는 끊어 주고 관심 없는 놀이는 확장해 준다

- 자기중심성이 높아진 이 시기 아이는 좋아하는 놀이에 과하게 몰입한다. 부모는 아이가 잘 논다고 생각하며 안심한다. 하지만 이 때 부모의 개입이 필요한 순간이다. 아이가 과하게 몰입하고 있는 놀이는 적정 시간을 정해서 끊어 준다.
- 예를 들어 자동차에만 집중하는 아이에게 30분만 놀고 다른 놀이도 해 보자고 예고해 준다. 아이는 쉽게 좋아하는 놀이를 멈추려고 하지 않을 것이다. 하지만 부모는 다른 스티커 놀이나 캐릭터 인형 놀이도 해 보도록 유도하며 그 안에 규칙이나 목적을 정해서 아이의 자기 조절력을 꺼내 쓰는 기회를 주는 게 좋다. 이 과정에서 아이는 자신만의 놀이도 중요하지만 생각하지 못한 규칙도 유연하게 지킬 수 있는 능력이 생겨간다.
- 규칙놀이 후에는 다시 자동차로 돌아가도 되니 적절한 시점에 자기 조절력을 쓰는 규칙놀이를 주어 안정적으로 적응하도록 도와준다. 이 과정이 원만하게 균형을 잡아 가게 되면 아이는 좋아하지 않는 주제나 과제에도 자신의 능력에 맞는 수행을 거뜬히 할 수 있게 된다.

* 규칙이나 주제를 벗어나서 자기 마음대로 하려고 할 때는 규칙을 알려 준다

- 이 시기 아이를 키우는 많은 부모들은 다양한 육아서를 섭렵하고 있다. 그 육아서에서는 한결같이 아이를 존중하고 공감해 주라는 말이 담겨 있다. 부모들은 내 아이를 존중해 주고 공감해 줘야 한다는 생각을 정답처럼 새기게 된다. 그래서 발생하는 오류가 생각보다 많다.

- 예를 들어 아이에게 로봇을 그려 보는 규칙놀이를 하는 상황이라고 하자. 그러나 아이는 로봇보다는 비행기를 그리고 싶어 한다. 이때 부모는 살짝 흔들린다. 로봇이나 비행기가 어차피 큰 차이는 없으니 그냥 그렇게 하라고 할까, 아니면 끝까지 로봇을 그리라고 할까 하는 귀로에 서게 된다. 하지만 끝까지 로봇을 그리게 하도록 이끌어 주는 게 중요하다.

- 이런 상황에서 규칙보다는 아이가 원하는 그림을 그리도록 수용해 주고 끌려다닌다면 아이는 기관에서 요구하는 규칙보다는 자신이 생각하고 원하는 것을 하려는 의지가 높아질 수 있다. 그러면 순응적으로 조화를 이루기보다 혼자 튀는 행동을 할 가능성이 높아지게 된다. 그래서 부모는 조금 강압적이고 고통이 따르더라도 아이에게 로봇을 그려야 한다고 알려 주는 게 좋다.

- 아이에 따라서 투덜대기도 하고 짜증 내기도 하면서 로봇을 그릴 수 있다. 하지만 부모는 아이 스스로 불편한 감정을 이겨 내도록 기다려 주면서 일관되게 로봇을 그리도록 하는 목표는 바꾸지 않아야 한다.

- 이 과정을 통해 아이는 자신이 하고 싶지 않는 규칙이나 주제 앞에서도 집중력을 써서 끝까지 하는 능력을 채울 수 있게 된다.

* 잘하지 못하는 주제는 회피하려고 하는 아이는 1단계부터 성취하도록 이끌어 준다

- 좋아하는 주제나 놀이에만 익숙해진 아이는 자신 없는 주제 앞에서는 매우 위축될 수 있다. "못 해" 하며 강하게 거부하기도 한다. 이때 부모는 아이를 달래기 시작한다. "이걸 하면 다른 걸 하게 해 줄게!" 하며 아이가 어떤 식이든 도전을 하도록 도움이 되려고 한다. 하지만 필요하지 않은 행동이다.

- 아이가 할 수 있는 만큼의 목표를 정해 주고 아이가 포기보다는 도전하도록 기회를 주는 것이 좋다. 작은 성취감이지만 아이는 자신이 하기 싫거나 힘들어했던 경험을 해냈다는 성취감은 생각보다 크게 느껴진다. 부모가 봤을 때는 하찮은 목표일지라도 아이가 회피하거나 안 하려고 할 때 낮은 단계부터 성취하도록 이끌어 주는 양육태도가 필요한 것이다.

- 예를 들어 블록 쌓기를 절대로 안 하겠다고 하는 아이에게 부모는 "블록 10개만 쌓고 끝 하자!" 하며 목표를 정해 준다. 아이가 인내심을 가지고 자기 조절력을 꺼내 쓸 수 있도록 이끌어 주는 노력이 필요하다.

- 자기 조절력이 낮고 자기중심성이 높은 아이의 특성 중에는 조금만 어려워도 못 한다고 짜증 내거나 두려워하는 양상을 보이기도 한다. 부모는 아이가 어떤 과제 앞에서 괴로워한다는 생각이 들

면서 굳이 하기 싫은 걸 시켜야 하나 하는 딜레마에 빠진다. 그래서 하기 싫은 걸 안 하게 해 주는 방향으로 가는 경우가 많이 발생한다. 이 과정이 반복되고 누적되다 보면 아이는 하기 싫은 걸 안 하게 되는 악순환이 시작되는 것이다.

- 이 과정에서 부모가 제대로 역할을 해 주지 못했을 때 아이는 힘든 과제 앞에서 매우 산만해지고 낮은 집중력을 보이게 된다. 학령기 이전까지는 괜찮지만 학령기에 들어가면 많은 부모들이 아이와 이 부분에서 전쟁을 시작하게 된다. 그래서 이 시기에 우리 아이가 좋아하는 것만 하거나 자신 없는 주제는 회피하려고 할 때 부모는 정신 차리고 이끌어 주어야 한다.

- 힘들게 아이가 낮은 단계를 성공하면 부모는 풍부하게 합리적으로 아이의 노력을 읽어 주면 된다. "우리 ○○이는 블록 10개를 스스로 쌓을 수 있는 아이였구나!" 하고 말해 주면 된다. 이것이야말로 아이에게 가장 중요하고 필요한 선물 같은 것이다.

* 시간과 목표를 정해 주고 스스로 하도록 한다

- 이 시기 아이는 아직 학령기가 아니기 때문에 많은 부모들이 놓지 못하는 것들이 있다. 그것은 아이가 목표를 해내도록 하나하나 알려 주거나 확인해 주는 침범행동이다. 하지만 안 그래도 된다.

- 부모가 아이에게 양치질을 하고 오라고 할 때, 시간 제한을 두고 스스로 하도록 기회를 준다. 그리고 정해진 시간에 아이에게 가서 확인한다. 이때 부모는 충치를 검사하는 사람이라고 미리 정해 놓는다. 칫솔질을 해 주며 구석구석 살펴보면서 "충치가 하나

도 없구나! ○○이는 혼자서도 양치질을 잘하네!" 하고 합리적으로 읽어 준다. 아이는 스스로 양치질을 잘한다고 생각하게 되고 다음 양치질에서는 좀 더 집중해서 양치질을 하는 자기 조절력을 꺼내 쓰게 된다.
- 이렇듯 시간과 목표를 정해 주고 침범하지 않는 양육태도는 발달 과업의 성장과 더불어 집중력, 수행능력 등에 긍정적인 역할을 하게 된다.

8. 수면습관을 점검하자

부모는 내 아이가 하루 종일 속을 썩이더라도 자는 모습을 보면 천사 같다고들 말한다. 천사처럼 맑은 모습으로 잠이 든 아이 모습은 정말 사랑스럽고 행복감을 느끼게도 한다. 이렇게 소중한 잠이지만 잠 때문에 골치를 앓는 부모들이 적지 않다는 걸 생각하면 꼭 그렇지만은 않은 것 같다.

아이들마다 차이는 있지만 낮잠을 안 자려고 애를 쓰는 아이, 밤잠을 안 자고 계속 놀아 달라고 하는 아이, 자다가 잘 깨는 아이, 자다가 우는 아이, 아침에 일어나서 계속 짜증 내는 아이 등 잠으로 인한 스트레스는 생각보다 자주 일어나는 편이다.

아이에게 잠이란 뇌 발달은 물론 인지, 정서, 사회성, 신체발달 등

전 영역에 걸쳐 중요한 요소이다. 먹는 것만큼이나 부모는 아이 잠에 예민하게 반응하게 되고 아이는 잠으로 발달이나 자기 조절력의 불균형을 호소하기도 한다.

그렇다면 내 아이가 수면습관에서 불균형을 보이는 이유는 무엇일까? 이 시기 아이를 기준으로 하여 부모가 어떤 노력을 해야 하는지 집중해서 살펴보도록 하겠다.

　* 수면교육을 시작하자
- 이 시기 아이들은 스스로 잘 자는 경우도 있지만 생각보다 수면교육이 필요한 경우도 많다. 아이가 잠을 안 자려고 하거나 수면 중 자주 깬다면 부모의 수면질에도 악영향을 미친다. 우리 아이는 유독 잠에 예민하다는 생각으로 시간을 보내는 경우도 생긴다. 하지만 수면 또한 아이가 자기 조절력의 불균형을 호소하는 것임을 알아야 한다.
- 이 시기 내 아이의 수면교육은 어떻게 하는 게 좋을까?
  첫째, 수면시간을 정해 놓는다. 아이가 자고 싶은 대로 들쑥날쑥 잠을 자는 것은 아이가 잘 준비를 하는 데 도움이 되지 않는다. 자극 추구를 하는 아이는 끊임없이 자지 않으려는 시도를 할 것이고 부모는 이리저리 이끌려 다닐 수 있다. 그래서 수면시간은 항상 정해 놓는 게 좋다.
  둘째, 수면시간 한 시간 전부터 책 읽기, 놀이하기, 씻기, 잠옷 입기, 물 마시기, 화장실 다녀오기 등의 수면 준비시간을 갖는다. 이

때 아이의 컨디션을 잘 살피고 부모가 불을 끄고 잠들어도 안전한 상황이 되도록 점검한다.

셋째, 아이에게 10분 후 꿈나라에 갈 것임을 예고한다. 이때 부모는 정확히 10분 후 잠자리에 들어야 한다. 아이가 부모를 깨우고 온갖 변명을 하며 깨워도 일어나선 안 된다. 미등을 켜 놓고 꿈나라에서 만나자고 한 후 일어나지 않는다. 아이는 이 과정에서 이리저리 징징거리거나 뒹굴뒹굴하다가 잠이 들 것이다. 이렇게 수면교육을 시작한다.

- 비록 많이 불안하고 서툴겠지만 아이에게 자신의 발달과업을 채우도록 일관되고 단호하게 가르쳐 줄 필요성이 있다. 부모가 자꾸만 일어나서 여지를 주고 아이를 달래거나 혼을 낸다면 수면교육은 성공하지 못한다. 좀 더 체계적이고 단호하게 아이에게 자신의 자기 조절력을 꺼내 쓰도록 기회를 주는 것이다. 이 과정에서 아이는 점점 수면에 필요한 자기 조절력을 비축하게 되고 어렵지 않게 잠에 들고 숙면을 취하게 될 것이다. 왜냐하면 자기 조절력과 수면은 밀접하게 서로 영향을 주고받는 관계이기 때문이다.

* 하루의 규칙놀이(사회화 놀이) 양을 확인하자

- '이 시기 아이에게 굳이 규칙이 필요할까?' 하는 의문점을 많은 부모들이 가질 수 있다. 하지만 필요하다. 아이가 자기 마음대로 놀이하는 패턴에만 집중한다면 또래관계에서 놀이가 불편해지기도 하고 관심이 없어지는 경우도 생긴다. 그래서 부모는 내 아이의 놀이가 규칙놀이와 자유놀이가 병행되도록 이끌어 주는 게 중요

하다.

- 사회화란, 결국 아이가 가족 외 다른 또래와 어우러져서 원만하게 살아가는 과정을 말한다. 사회화에 안착하기 위해서는 아이가 규칙을 이해하고 자기 조절력이 필요한 순간에는 자기 조절력을 썼을 때 원만하게 굴러간다. 그렇지 않고 자기중심성만 썼을 경우에는 모든 게 다 불만이고 또래와의 관계 또한 불편하고 스트레스가 된다.

- 수면과 규칙놀이 또한 불가분의 관계에 놓여 있다. 규칙놀이 안에서 자기 조절력의 양을 저축하고 자유놀이 안에서 자기만의 상상을 폈을 때 놀이의 성취감이 더 커질 수 있다. 즉 규칙놀이는 자신의 의도와는 상관없이 어떤 규칙이 있어서 스스로 인내심을 갖고 해내야 하는 것이고, 자유놀이는 자신이 좋아하는 놀이를 하면서 놀이가 주는 행복감을 경험하는 것이다. 이 과정에서 놀이를 통한 만족도가 더 커지는 효과를 줄 수 있다.

- 수면도 결국 자기 조절력을 써야 하는 발달과업이기에 하루에 필요한 성취감 양을 늘려서 자기 조절력이 잘 저장됐는지 점검해 볼 필요가 있다. 만일 내 아이가 "심심해" 하며 하루 종일 놀았음에도 안 자고 놀아 달라 한다면 규칙놀이가 부족했음을 생각해 볼 필요성이 있다. 이와 더불어 일상생활에서도 자신이 해야 하는 일은 끝까지 스스로 하도록 이끌어 주는 노력 또한 자기 조절력 양을 저축하는 것임을 알아 두자.

* 바깥놀이 시간을 규칙적으로 가진다

- 이는 '아이들은 뛰어놀아야 한다'는 전제가 기반이 된다. 그렇다. 아이들은 뛰어놀면서 세상을 배우고 사회화 공부를 시작한다. 오늘 놀고 나면 내일 또 놀고 싶어 하는 게 아이들이다. 매일 놀아도 더 많이 놀고 싶어 한다.

- 그래서 수면의 질을 높이기 위해서는 신체적인 활동성도 바탕이 되어야 한다. 아무리 정적인 성향의 아이여도 신체적인 놀이는 균형을 위해 필요하다. 실컷 뛰어놀고 들어오면 기분도 좋아지고 뇌 활동도 활성화되면서 식습관이나 수면습관에 대한 준비를 하기 쉬운 상태가 된다.

- 많은 시간을 투자하기에는 현실적으로 어려울 수 있겠지만 규칙적으로 바깥놀이 시간을 30분 정도는 갖도록 하자. 아이의 정서적, 신체적 발달에 도움을 줌은 물론 스트레스를 자연스럽게 표출할 수 있는 좋은 기회가 될 수 있다.

* 신체건강도 잘 점검하자

- 가장 흔한 신체 질환은 감기가 아닐까 한다. 이 시기 아이들은 또래와 어울리는 과정에서 전염이 잘되고 환절기가 되면 감기에 잘 걸리기도 한다. 폐렴이나 기타 질환으로 확장되지 않도록 면역을 강화하는 영양제, 운동, 안정된 정서가 유지되도록 노력하자.

- 아토피가 있는 경우 수면에 지장이 생길 수 있다. 아토피가 완화되도록 지속적으로 치료를 받거나 보습을 유지해 주면서 수면에 방해받지 않도록 해 줄 필요성이 있다.

- 어른들이 근육을 만들거나 건강을 유지하기 위해 운동을 하는 건 익숙하지만 이 시기 아이들이 건강과 면역력을 위해 운동한다는 건 중요하게 생각하지 않는 경향이 있는 것 같다. 하루 종일 뛰어 다니는 데 무슨 운동이 필요하냐고 하겠지만, 규칙적인 운동이 아 이에게도 필요하다. 즉, 매일 30분 자전거 타기, 주말마다 아빠와 축구하기, 주말마다 아빠와 등산하기, 매일 운동장 걷기 또는 뛰 기 등의 규칙적인 운동은 아이의 면역이나 수면에 긍정적인 작용 을 하게 된다.
- 여기서 가장 중요한 것은 '규칙성'이 있어야 하는 것이다. 하다가 안 하면 우리가 원하는 결과를 얻기 힘들 수 있다. 정해진 요일과 시간을 정해서 규칙성 있게 아이의 신체건강을 위해 노력하자. 아이의 신체건강은 모든 것의 기본이며 가장 중요한 요소이기 때 문이다.

* 잠자리가 편안하도록 신경 쓴다
- 아이는 덥거나 추울 때 잠에서 잘 깰 수 있다. 아이가 편안하게 잠 에 들 수 있도록 이불의 두께, 방의 온도, 아이의 배변 등을 잘 점 검하고 수면교육에 들어가도록 한다.
- 밖에서 시끄러운 소리가 들리거나 부모가 정서적으로 불안정하 면 아이도 수면에 영향을 받을 수 있다. 부모는 아이가 충분히 안 정감 있게 수면에 들어갈 수 있도록 감정 조절, 환경 점검 등의 노 력을 아끼지 않아야 한다.
- 결국 기본적으로는 아이가 어떤 상황에서도 잠을 잘 자도록 자기

조절력을 길러 주는 것이지만 환경적인 요소나 신체적인 요소를 배제할 수 없기에 부모는 양면으로 노력을 기울여야 할 것이다.

*계속 책을 읽어 달라 하거나 이야기를 해 달라 하는 아이는 제한 두기를 한다

- 평소 자기 조절력을 많이 쓰지 않아서 자기중심성이 높아져 있는 아이의 경우 잠자리에 들기 전 자지 않으려고 안간힘을 쓴다. 그중에서 가장 흔하게 나타나는 행동은 책 읽기, 이야기하기 등이다.
- 부모 중에는 아이가 읽어 달라는 책을 모두 읽어 주느라 밤잠을 설치는 경우도 있다. 이렇게 되면 아이는 매일 책을 가져와서 자신이 원하는 만큼 읽어 달라 할 것이다. 부모가 적절히 제한 두기를 통해 자기 조절력 확장을 해 주지 못하면 아이는 점점 자기중심적으로 행동하게 된다. 부모는 책 10권 정도를 가져온 아이에게 "오늘은 5권만 읽어 줄 거야! 네가 읽고 싶은 책 5권만 골라 올까?" 하고 제한 두기를 해 주어야 한다.
- 그러면 아이에 따라 계속 읽어 달라 할 수도 있고, 5권에서 멈출수도 있다. 만일 아이가 떼를 써도 부모는 거기서 멈춰야 하고, 아이가 5권을 수용하면 아이에게 합리적인 칭찬을 해 주면 된다.
- 이야기도 마찬가지다. 아이가 캐릭터 이야기에 집중하며 계속 말을 할 때 부모는 슬슬 짜증나기 시작한다. 그래서 한계점에 도달하면 갑자기 짜증을 내기도 한다.
- 아이가 캐릭터 이야기를 계속할 때, "엄마는 여기까지만 듣고 잘거야!" 하고 끊어 주는 게 좋다. 아이는 또 말하려고 할 것이다. 하

지만 부모는 그냥 멈추고 아이가 수용할 때까지 기다려 주면 된다. 기다렸다가 아이가 수용하면 합리적인 칭찬을 해 주고 마무리한다.

- 수면과 자기 조절력은 이렇게 곳곳에 연관되어 있다. 자기 조절력을 써야 하는 순간은 이렇게 다양하게 아이 주변에 있는 것이다. 단순히 아이가 싫어하고 고통을 호소하니까 그냥 해 준다는 생각은 과감히 버릴 수 있어야 한다. 아이가 멈춰야 하는 상황에는 멈추게 하고, 뛰게 하는 상황에는 뛰게 해 주는 게 부모의 몫인 것이다.

* 아이가 부모 중 한 사람과 자고 싶다며 떼를 쓰거나 나가라고 하면 '흔들기'를 해 준다

- 자기중심성이 높고 자기 조절력을 잘 안 쓰는 아이의 경우 자신에게 좀 더 잘해 주고 사랑을 표현해 주는 사람에게 집착하기도 한다. "엄마하고 잘 거야!" 하며 아빠를 나가라고 하거나 반대로 "아빠하고 잘 거야!" 하며 엄마를 나가라고 한다. 이때 많은 부모들이 아이가 시키는 대로 해 준다. 하지만 이미 아이의 자기중심성을 한 단계 더 높이는 결과가 된다는 걸 잊지 말자.
- 아이의 자기중심성은 부모가 지속적으로 '흔들기'를 해 주어야 한다. '흔들기'란 말 그대로 아이가 좋아하는 것도 할 수 있지만 싫어하는 것도 할 수 있어야 함을 가르쳐 주는 것이다.
- 아이가 아빠하고 자고 싶다며 엄마를 나가라고 할 때 부모는 이렇게 말할 수 있어야 한다. "오늘은 엄마와 잘 거야! 받아들이기 해 주자!" 하며 아이가 강하게 원하는 상황에 대해 현실 수용을 가르

처 주는 것이다. 물론 아이는 "아니야!" 하며 떼를 쓰거나 불편함을 드러낼 것이다. 하지만 그래도 부모는 이겨 내야 한다. 아이가 오늘은 아빠와 자고 싶지만 엄마와 잘 수도 있다는 것을 인식하고 수용하도록 훈육하는 것이다.

- 이런 과정이 반복되다 보면 아이는 누구와 자고 싶다는 생각에서 해방된다. 엄마와 잘 수 있으면 엄마와 자고, 아빠와 잘 수 있으면 아빠와 자는 걸 받아들인다. 이 때 아이의 자기 조절력은 성장한다. 그리고 잠드는 것을 두려워하거나 저항하지 않는 힘이 동시에 생기게 된다.

* 아침에 잠에서 깬 아이에게 "○○이는 일찍 잘 자고 잘 일어나는 아이구나!" 하고 칭찬해 준다

- 아이가 더 놀고 싶은 마음을 이겨 내고 잠을 잘 자고 일어났을 때 합리적인 칭찬은 반드시 필요하다. 아침에 잠에서 깬 아이에게 "○○이는 일찍 잘 자고 잘 일어나는 아이구나!"하고 칭찬해 준다. 이 과정은 밤에 잘 때 아이가 상황을 받아들이고 잠에 잘 드는 것을 도와준다. 혹시 자신이 안 자겠다고 떼를 쓰더라도 아침에 칭찬받은 말이 기억나면 좀 더 도전하고 싶은 마음이 생기게 되는 것이다.

- 또한 이 과정이 반복되면서 아이의 성취감과 자존감이 성장하게 된다. 점점 아이는 잠을 자는 것에 대한 불편감과 두려움에서 빠져나올 수 있는 힘이 생기게 된다.

- 아이의 정서적 독립은 결국 사회화는 물론 세상을 살아가는 강력

한 힘이 되어 줄 수 있다. 부모는 한 걸음 물러나서 아이가 자신의 일을 스스로 하도록 기회를 주는 역할을 해 주어야 하는 것이다. 그중 수면, 식습관, 배변은 가장 기초적인 3가지 기둥이므로 이 시기 부모가 가장 집중해야 할 과제임을 기억하자.

9. 집착행동을 점검하자

이 시기 아이를 키우는 과정에서 부모는 내 아이의 집착행동과 심심치 않게 만나기도 한다. 가장 많은 집착행동은 '애착 이불'이나 '애착 인형'을 가는 곳마다 가져가려고 하는 것이다. 물론 이 시기까지는 정도의 차이는 있으나 이런 특징을 보이는 건 일반적일 수 있다. 하지만 누가 봐도 우리 아이의 집착행동이 눈에 띄고 오래간다면 좀 더 생각해 볼 필요성이 있다.

이 시기 집착행동을 보이는 아이의 심리는 어떤 것일까? '혹시 우리 아이가 기질적으로 집착이 많은 아이여서 그럴까?', '애정이 부족해서 사랑을 더 달라고 하는 행동일까? 아니면 정말 그 행동이 좋아서 그럴까?' 등 오만가지 생각들이 부모의 머리를 스친다.

간단하게 설명하면 이렇다. 20개월이 지나면서 아이는 상황에 맞게 자신을 맞춰 가는 자기 조절력이 필요하다. 하지만 부모가 아이 중심으로만 모든 것을 해 주었을 때 아이는 낮은 성취감과 자아 탄력성 저하를 통해 불안행동이 늘어난다. 아이러니하게도 사랑을 듬뿍 주었음에도 불안한 아이로 자라고 있는 것이다.

이것은 아이가 자기 조절력을 쓸 때마다 성취감을 느끼고 그 성취감은 자아 탄력성을 키우게 되는 과정에서 설명될 수 있다. 즉, 자기 조절력이 필요한 순간 부모는 아이가 힘들어하는 게 싫어서 도와주거나 회피를 도와주게 된다. 그러면 결국 성취감 크기는 매우 작아지고 자아 탄력성까지 가는 데 동력이 부족한 것이다. 이러한 과정이 반복될수록 아이는 불안도가 상승하고 그 불안을 줄이기 위해 다양한 행동을 하기 시작한다. 자아 탄력성이 불안을 낮춰 주고 긍정적 자아상을 형성해 주는 역할을 해야 하는데 그 역할이 잘되지 않음으로써 불안도가 상승하는 것이다. 그래서 불안할 때마다 불안행동, 집착행동을 통해 그 불안을 잠재우는 노력을 무의식적으로 하고 있는 것이다.

예를 들어 하나의 장난감에만 몰입하기, 애착 이불, 애착 인형을 외출 시 꼭 갖고 가기, 엄마의 신체에 집중하기, 자신의 손톱이나 머리카락 물고 뜯기 등 그 양상은 다 열거할 수가 없을 정도다. 부모들은 단순히 아이 행동이 조금 독특하다 또는 너무 느낌이 좋아서 그럴 수도 있다는 생각으로 시간을 보내기도 한다. 하지만 아이는 심리적 불균형을 이렇게 호소하는 것이기 때문에 부모는 세밀한 관찰과 민감한 대처를 해주어야 한다.

이렇게 아이의 집착행동이 나왔을 때 부모는 어떤 노력을 해 주는 게 필요할까?

* 아이가 엄마의 신체에 집착행동을 보일 때는 제한 두기와 환기가 필요하다

- 아이에 따라 엄마의 신체에 집착을 보이는 경우가 있다. 엄마 머리 만지기, 속옷 끈 만지기, 겨드랑이 살 만지기, 팔꿈치 만지기, 엄마 배꼽 만지기 등 양상은 매우 다양하다. 이때 힘들어하면서도 쉽게 떼지 못하고 아이의 집착행동에 이끌려 다니는 경우가 많다.
- 이럴 때는 아이에게 서서히 이 행동을 줄여야 함을 인식시켜 주는 과정이 필요하다. 즉 처음에는 '10번만 만지고 그만 만지기' 등과 같은 제한 두기를 해 주도록 한다. 아이가 10번을 충분히 만지고 안 만질 수 있도록 기회를 주는 것이다. 물론 더 만지려고 할 수도 있고 울 수도 있다. 하지만 과감하게 말한 대로 하고 그다음은 엄마와 손을 잡는 것으로 넘어가는 게 좋다. 이때도 합리적인 칭찬을 해 주며 아이가 성취감을 통해 서서히 집착행동에서 빠져나올 수 있도록 이끌어 주자.
- 아이의 집착행동이 낮에 수시로 나오는 경우라면 앞서 언급한 바와 같이 제한 두기를 해 주고 나서 다른 행동이나 놀이로 전환시켜 준다. 아무렇지 않은 듯 더 재미있는 놀이로 환기를 시켜 주면서 아이가 그 놀이에 집중하도록 이끌어 준다. 이때 부모는 더 재미있게 놀이할 수 있도록 아이와 충분히 재미있는 시간이 되도록 노력한다.
- 결국 아이의 집착행동은 제한 두기와 환기로 사라지는 건 아니다.

집착행동의 뿌리인 '불안'을 낮추기 위해서는 자기 조절력을 꺼내 쓰도록 이끌어 주고 아이 중심보다는 상황에 맞출 수 있도록 훈육해 주는 방법임을 기억하자.

* 아이가 밖에 나갈 때 장난감이나 애착물을 가져가려 하면 안 가지고 나갈 수 있도록 훈육한다

- 앞에서도 말했듯 아이의 자기 조절력이 저하된 상태에서 불안도가 상승하면 외출 시 장난감을 가져가려 한다. 이 행동은 불안한 마음을 달래 줄 수 있는 매개체가 필요한 것이다. 양손 모두 쥐고 나가는 아이도 있고, 자신의 애착인형이나 이불을 안고 나가는 경우도 있다.

- 이때 부모는 아이에게 아무것도 안 가져갈 수 있어야 함을 가르쳐야 하는데 갑자기 모든 걸 빼앗기보다 점진적인 단계 조정을 거쳐서 아이 스스로 자립할 수 있도록 도와주는 게 좋다.

- 예를 들어 장난감 칼 두 개를 꼭 쥐고 나가야 하는 아이의 경우 "오늘은 하나만 갖고 나가 볼까?" 하는 조율이 필요한 것이다. 물론 아이는 힘들어하면서 두 개 다 가져가고 싶다 할 것이다. 하지만 부모는 아이 스스로 불안을 견디는 힘을 주기 위해서는 하나만 갖고도 용기 내어 나갈 수 있어야 함을 가르쳐 주는 게 필요하다.

- 두 번째 예를 들면, 애착인형을 안고 나가는 아이의 경우 "오늘은 차에서만 안고 있고 유치원 들어갈 때는 혼자 들어가는 거야!" 하며 스스로의 자립을 도와주는 게 좋다. 아이는 매번 힘들어할 것이다. 하지만 부모는 일관되고 단호하게 아이에게 자립의 기회를

주고 아이가 잘해 내면 충분히 칭찬해 주고 안아 주는 양육태도가 필요하다.

- 아이의 불안 요소는 결국 발달과업 수행과 정서적 독립의 실패로 인한 것이라 할 수 있다. 부모는 평소 아이가 자기 조절력을 써서 자신이 해야 할 일을 해낼 수 있게 하고, 하기 싫은 일도 그 시간 안에 해내야 함을 가르쳐 주어야 한다. 이러한 과정을 통해 아이는 점점 성취감과 자아 탄력성을 키우면서 불안에서 벗어날 수 있게 된다.

* 아이의 애착인형이나 애착물은 만 4세가 지나면서부터 서서히 이별 파티를 해 준다

- 아이가 애착인형에 집중하는 정상적인 시기는 최대 만 4세까지라고 본다. 그 이후에도 애착인형이나 애착물에 집착행동을 보인다면 부모는 아이 스스로 자기 조절력을 써서 애착인형과 이별을 하는 파티를 해 주는 게 좋다.

- 즉, 애착인형에게 줄 맛있는 음식과 케이크를 준비하고 풍선으로 생일파티처럼 멋지게 장식도 한다. 애착인형에게 줄 선물도 준비해 놓는다. 즐겁게 파티를 마치고 상자 속에 애착인형을 넣어서 이별인사를 한다.

- 그 이후 아이가 애착인형을 찾아도 자기 나라에 갔음을 알려 주고 주지 않는다. 아이 스스로 커 가는 과정에서 정서적으로 독립을 해야 함을 알려 주고 아이가 힘들어해도 묵묵히 기다려 주는 노력이 필요하다.

- 아이가 애착인형 없이도 스스로 잘 이겨 내면 충분히 칭찬해 주고 안아 준다. 부모는 아이가 발달과업에 맞게 자신의 관심놀이나 관심친구로 뻗어 나갈 수 있도록 도와주어야 한다.

10. 호와 불호에 대한 편차를 줄이자

아이는 본능적으로 자신이 원하거나 좋아하는 것에 집중한다. 하지만 48개월까지도 아이가 좋아하는 것에만 집중하도록 기회를 준다는 것은 매우 위험한 일일 수 있다. 왜냐하면 점점 아이는 학령기를 준비해야 하고 하기 싫고 지루한 일을 해내야 하는 시기로 들어가기 때문이다.

많은 부모들이 아직 어린아이에게 굳이 힘들어하는 걸 시킬 필요성이 있는가에 대한 의문을 품는다. 하지만 48개월 동안 아이에게 규칙을 알려 주고 목적행동에 대한 자기 조절력을 키울 수 있는 기회가 적었다면 귀 기울여야 한다. 아이가 커 갈수록 점점 호와 불호에 대한 격차라는 큰 벽을 만나게 될 것이기 때문이다.

자기 조절력이 낮은 아이의 경우 자기 세상에 깊이 빠지거나 좋아하는 주제에만 집중하는 양상을 두드러지게 나타낸다. 좋게 생각하면 아이가 한 분야에 깊이 있게 몰입한다고 볼 수 있지만 이는 분명 심각한 불균형을 보여 주는 상황임을 인식하자.

아이가 보이는 호와 불호는 인지, 정서, 사회성, 문제 해결능력, 상황대처능력에까지 널리 퍼져서 균형이 안 맞는 결과를 지속적으로 보여 줄 수 있다.

그렇다면 이 중요한 시기에 있는 우리 아이의 호와 불호의 편차를 줄여 줄 수 있는 방법은 어떤 것들이 있을까?

* 아이가 지나치게 집착하는 패턴을 깨 주자

- 아이에 따라서 블록을 조금이라도 건드리면 매우 크게 분노하거나 과격한 행동을 하기도 한다. 이는 부모가 아이가 원하는 대로만 맞춰 주고 단 한 번도 '흔들기'를 해 주지 않은 결과에서 온다고 이미 말했다. '흔들기'란 아이가 원하는 대로 되지 않을 수도 있음을 부모가 가르쳐 주는 것을 말한다. 즉, 아이는 블록을 한 줄로 쌓아 놓아야 되고 그걸 누가 건드리면 절대 안 된다는 생각을 하고 있다. 이때 부모는 블록을 옆으로 하나 쌓아서 아이가 다소 불편한 마음이 들더라도 상황을 수용하도록 기회를 주는 것이다.
- 이때 '코끼리와의 전쟁'이 시작될 수 있다. 아이는 매우 흥분하고 분노하며 자신이 원하는 대로 블록을 쌓아 놓으라고 한다. 부모는 "오늘은 옆에도 하나 쌓을 수 있다는 걸 받아들여 보자!" 하며 '흔들기'를 하는 것이다.
- 아이는 조금은 길게 울다가 그치는 순간이 온다. 부모는 기다렸다가 아이에게 다가가서 "ㅇㅇ이는 블록을 옆으로 쌓아도 받아들일 수 있는 아이였구나!" 하며 안아 준다. 아이는 자신이 불편감을

이겨 낸 후라서 다소 성숙되고 오히려 정서적으로는 안정 단계로 들어갈 수 있다.

- 이처럼 아이는 자신이 원하는 대로 되지 않은 경험이 적을수록 '호'에만 집착할 수 있다. 부모의 역할은 '불호'도 수용하고 도전해야 함을 가르쳐 주는 것이다. 부모는 상황을 이겨 낸 아이를 충분히 안아 주고 칭찬해 주는 역할에 집중하자.

* 아이가 '빨리빨리'를 외칠 때 부모는 오히려 지연을 선택한다

- 자기중심성이 높고 정서적으로 민감성이 높은 아이는 자신이 하고 싶은 말이나 보여 주고 싶은 게 있을 때 마음이 급하다. 그래서 성급한 목소리로 "엄마, 아빠, 빨리 봐 주세요!" 또는 "엄마, 아빠, 이리 와 보세요!"라는 말을 자주 사용한다. 이때 부모는 즉시 달려가서 아이의 욕구를 채워 주려고 애쓴다. 하지만 아이가 '빨리'를 외치거나 수시로 자신을 봐 달라고 하면 부모는 의도적으로 5분여 동안 지연시켜 주는 게 좋다. 즉, "엄마는 설거지 끝내고 갈게!" 또는 "그거 다 하면 말해! 다 하면 갈 거야!" 등과 같이 상황에 따른 자기 조절력을 꺼내 쓸 수 있도록 이끌어 주는 게 필요하다.

- 아이의 욕구 지연 후에는 "○○이는 이렇게 잘 기다려 주는 아이구나!" 하며 아이에게 성취감을 주고 자아 탄력성을 키워 주는 기회를 놓치지 말자. 자기중심성이 높고 자기 조절력이 낮은 아이의 경우 계속 자신에게 집중하도록 하는 집착행동을 보일 수 있다. 이는 '호'의 맥락이기 때문에 부모는 욕구 충족 시간을 지연시키거나 제한 두기를 해서 아이 스스로 자기 조절력을 쓰도록 도와

주어야 한다.

- 부모는 아이의 균형을 위해 끊임없이 '중심 잡기'를 해야 한다. 아이가 아무리 큰 소리로 울어도 흔들리지 않고 아이가 그 상황을 수용하도록 견뎌 줘야 한다. 그래야 아이는 좀 더 성숙된 단계로 발달을 이어 갈 수 있다.

* 아이가 조금만 지루해도 그만한다고 할 때 부모는 끝까지 해내도록 격려해 준다

- 뭐니 뭐니 해도 호와 불호에 대한 격차를 가장 많이 나게 만드는 요소는 아이가 멈추고 싶을 때 부모의 확장이 없는 경우이다. 아이가 지루하고 힘들다며 멈추려고 하는 것은 자기 조절력을 그만 쓰고 싶다는 신호이다. 이럴 때 부모는 아이가 자기 조절력을 꺼내 쓰도록 "5개 남았는데 끝까지 다 하자!" 하며 격려해 준다. 이 순간 아이는 힘들어도 자기 조절력을 꺼내 쓰며 큰 산을 하나 넘게 된다. 아이는 좀 더 어려워도 해낼 수 있는 자기 조절력이 저축되며 한 단계 성장한다.

- 많은 부모들이 아이가 지루하고 어려워하며 멈추고 싶어 할 때 갈등을 하는 것 같다. 전문가로서도 이러한 부모 생각을 바꾸는 것이 매우 어려울 때가 많다. 물론 아이들이 다 그럴 수 있다. 하지만 사회화에 성공해야 하는 아이는 지루하고 어려운 과제를 뛰어넘는 경험을 반드시 필요로 한다. 이 경험을 통해 느닷없고 지루하고 까다로운 규칙을 해낼 수 있을 뿐만 아니라 아이의 주관적인 스트레스도 줄어들 수 있기 때문이다.

* 힘들 때 아이가 도움을 요청하면 좀 더 해 보도록 격려한다

- 자기중심성이 높아져 있는 아이의 경우 조금만 안 돼도 부모에게 도움을 요청한다. 부모는 아이 스스로 시행착오라는 공부를 열심히 할 수 있도록 한 걸음 물러나는 게 필요하다.

- 아이는 당연히 마음대로 안 되는 것에 대한 불안과 두려움이 있다. 하지만 불안과 두려움을 견디고 해냈을 때의 성취감은 숫자로도 설명할 수 없다. 부모가 매번 아이가 불안해할 때마다 도움을 준다면 하기 싫거나 안 되는 것에 대한 도전을 아예 안 하려고 할 것이다. 매번 부모가 아이를 도와주러 어디든 갈 수 있다면 도와줘도 된다. 하지만 그렇지 않다면 아이 스스로 시행착오를 통해 문제를 해결할 수 있는 황금 같은 기회를 빼앗지 말자.

- 어려운 문제나 상황을 해결해 본 아이는 불호에 대한 두려움이 적다. 하면 할 수 있을 것 같다는 효능감이 즉각 발동된다. 왜냐하면 아무리 어려워도 해 보니 할 수 있었다는 긍정 경험이 쌓여 있기 때문이다. 아이의 불안을 즉각 잠재우고 도움을 주는 것에서 벗어나 아이가 세상을 향해 힘껏 발을 내딛을 수 있도록 기회를 주는 부모가 되자.

* 호는 끊어 주고, 불호는 확장해 준다

- 이 말은 현장 전문가로 일하는 나에게 거의 표어와 같다. 자기중심성이 높고 자기 조절력이 낮은 아이들은 대부분 호와 불호의 편차가 심하다. 그래서 부모에게 호는 끊어 주고, 불호는 확장하라고 말한다.

- 결국 호와 불호는 아이가 세상을 살아가는 데 있어 균형을 맞춰
  가는 것이라 할 수 있다. 호 쪽으로만 치우친 아이는 대부분 다른
  정서나 행동에도 불균형을 초래한다. 내 아이가 보이는 호와 불
  호의 격차를 점검하고 이를 줄여 주기 위해 노력하는 것이야말로
  부모가 아이에게 주는 가장 중요한 선물이 될 것이다.

생후 49개월부터 60개월까지는 자기 조절력을 바탕으로 사회화 과정으로 들어가는 시기다

생후 49개월이 지나면서 아이는 많이 성장한다. 만 4세~5세는 신체적으로나 정서적으로 눈에 띄는 성장을 보이는 시기다. 언어적, 인지적, 사회적으로 탄탄한 기반을 갖추고 보다 성숙된 사회화 과정으로 들어가야 한다. 만일 이 과정에서 하나라도 균형이 맞지 않는다면 학령기로 들어가는 아이는 심리적으로 주관적 불편감과 불균형이 따라오게 된다.

앞의 단계에서 자기 조절력을 길러 줄 수 있는 양육환경이 되지 못했다면 이 시기를 놓치지 않아야 한다. 어쩌면 물고기 그물처럼 가장 마지막에 놓친 물고기를 최종적으로 모두 잡는 것과 같다. 그물을 보다 촘촘하게 엮어서 아주 작은 물고기도 빠져나갈 수 없도록 철저하게 막아 내는 것이다.

생후 49개월에서 60개월의 아이가 낮은 자기 조절력을 보일 경우 외현적으로 드러나는 증상들은 점점 무거워진다. 예를 들어 손톱 물어뜯기, 애착인형이나 이불에 계속 집착하기, 기관에서의 주관적 스트레스와 낮은 자아 탄력성, 또래와의 부딪힘, 기관 교사로부터 받는 부적응적 피드백, 호와 불호에 대한 심한 편차 등으로 나타날 수 있다.

이전 시기까지는 사소한 행동들이 나타난다면 지금부터는 누가 봐도 또래가 안 하는 행동과 정서를 드러낸다. 그래서 주양육자인 부모는 '우리 아이가 또래에 비해 아이 같은 행동을 하네?'와 같은 의문을 품기 시작한다. 왜냐하면 자기 조절력을 비축한 또래들은 매우 명확하고 빠르고 순발력 있는 자기표현이나 행동을 하는 반면, 우리 아이는 느리고 미성숙한 행동을 하는 경우가 자주 관찰되기 때문이다.

예를 들어 친구가 자신의 물건을 빼앗아가도 울기만 하고 가만히 있기, 함께 놀이할 때 자신이 좋아하는 물건을 못 만지게 하기, 함께 놀고 싶을 때 밀거나 장난을 치며 다가가기, 오래 기다리지 못하고 또래를 밀쳐 버리거나 화내기, 수시로 삐쳐서 감정 상하는 행동하기 등 매우 다양한 양상으로 나타난다. 물론 성향과 기질의 차이도 영향을 주지만 사실 그게 다가 아닐 수 있다. 자기 조절력이 약하고 자기중심성이 높은 상황에서는 상황을 민감하게 인식하고 더 과한 행동이나 표현이 나올 수 있다. 또한 스스로 문제나 상황을 인식하고 해결하는 기회가 적었던 아이는 가장 1차원적이고 미성숙한 태도로 해결하는 경우가 많다.

이 시기 아이는 발달시기에 맞게 사회 성숙도를 높여 적절한 대처와 자기표현을 통한 자존감을 획득해 가야 한다. 부모는 금이야 옥이야 사랑과 애정으로 아이를 키웠지만 내 아이가 불균형을 보이면 그동안 노력해 왔던 부분에 대해 의문을 품게 된다. '도대체 뭐가 부족했을까?' 하는 생각이 가장 많이 든다.

그래서 이 시기 아이를 키우는 부모들이 어떤 노력을 해야 하는지 좀 더 자세하게 서술해 보겠다.

생후 49개월부터 60개월까지의 부모 체크 리스트

1. 신체적, 정서적 독립을 정확히 끝내자.
2. 아이 스스로 생각하고 판단하게 하자.
3. 자기표현을 정확하게 하는 힘을 길러 주자.
4. 자신의 일에 대한 책임감을 길러 주자.
5. 하기 싫고 어려운 과제에도 도전하게 하자.
6. 아이의 발달과업을 100% 쓰도록 기다려 주는 인내심을 기르자.
7. 아이 공부가 부모 공부가 되지 않도록 하자.
8. 아이가 산만한지 점검하자.
9. 또래관계에서 자주 부딪히는지 점검하자.
10. 아이처럼 말하는 유아어를 여전히 쓰는지 점검하자.

1. 신체적, 정서적 독립을 정확히 끝내자

이 시기 내 아이에게 가장 중요한 과제는 어쩌면 독립일 수 있다. 이것은 성인이 되어 독립한다는 의미와는 다른 것이다. 앞에서 수십 번 언급했던 발달과업에 대한 독립을 말한다. 이 시기를 보내고 있는 내 아이는 이제 예의도 알고, 친구의 의미도 알고, 가족의 의미도 어느 정도 알게 된다. 또한 자기 스스로 해야 할 일이 많다는 것도 알게 된다. 하지만 본능적으로 아이는 계속 부모에게 의지하고 싶고 도움을 받고 싶어 한다. 이때 의외로 많은 부모들이 아이를 독립시키는 데 실패한다. 왜냐하면 아이가 싫어하고 힘들어하기 때문에 도움을 주거나 계속 알려 주려고 하기 때문이다.

아이를 마냥 어린 아기로 보는 부모는 신체적인 독립도 제대로 되지 않는 경우도 많다. 예를 들어, 다 큰 아이가 안아 달라고 하면 안아서 엘리베이터까지 가기, 음료수 뚜껑 열어 달라 하면 바로 열어 주기, 단추가 너무 뻑뻑해서 잘 안 잠긴다고 하면 즉각 도와주기, 물컵에 물을 엎질렀는데 부모가 즉각 닦아 주기 등 매우 많은 부분을 침범한다.

이렇게 되면 아이는 신체적, 정서적 독립을 제대로 하기 어렵다. 일차적으로 신체적인 독립이 되어야 정서적인 독립이 뒤따라오는 것인데 아이가 못 한다 하면 도와주고 안아 주는 행동을 여전히 하고 있다면 사회화에 불균형이 초래됨을 기억해야 한다.

이 시기 내 아이의 신체적. 정서적 독립을 위해서 부모는 아이가 할 수 있는 어떤 과업에도 들어가지 않고 기다려 주는 게 좋다. 엘리베이터까지 스스로 걸어가게 하기, 엎질러진 물은 스스로 닦아 보기, 단추도 뻑뻑하면 계속 도전해서 스스로 잠가 보기 등을 아이에게 하도록 해야 한다. 이러한 과정이 바로 신체적 독립이고 그 이후에 정서적 독립이 따라온다고 보면 된다.

마냥 아기 같았던 아이가 제법 아동 티가 나고 자기표현도 늘어 가는 과정을 부모는 지켜본다. 하지만 부모 눈에는 여전히 아기로 보이는 마음이 발달과업의 침범으로 이어질 수 있음을 기억하자. 아이는 물론 하기 싫고 귀찮고 어려운 과정을 진행할 때 힘들어하고 징징거린다. 하지만 이것을 '고통'이라고 인식해서는 안 된다. 발달과업을 쓰지 않기 위해 나름 가장 효과적인 표현을 하는 것이다.

2. 아이 스스로 생각하고 판단하게 하자

부모들은 내 아이가 빨리 제대로 자기 일을 했으면 하는 마음이 간절하다. 그래서 오히려 아이가 빠르게 행동하지 못하면 즉각 개입하여 가르치려고 한다. 이 시기 아이가 스스로 생각하지 않고 판단하는 시간을 자주 놓치게 된다면 사실 예상보다 많은 것들이 무너질 수 있다. 이 시기 아이는 스스로 생각하고 판단하는 자기 조절력을 써야 하고, 부모는 그런 아이를 묵묵히 기다려 주는 인내심을 써야 한다. 부모의 역할은 점점 아이 스스로 생각하고 판단하도록 이끌어 주면서 아이가 의지하지 않도록 안간힘을 써 주어야 한다.

예를 들어 양말을 벗어서 어디에 둬야 할지 물어보는 아이에게 "○○이는 어디에 두면 좋겠어? 생각해 볼까?" 하며 스스로 생각해서 행동으로 옮기는 과정을 주는 게 좋다. 아이가 빨래 바구니를 생각해서 양말을 빨래 바구니에 넣으면 "○○이는 양말을 바구니에 잘 넣는 아이구나!" 하며 합리적으로 읽어 주면 된다. 이 과정에서 아이는 성취감과 자신감을 획득해 나가는 것이다.

두 번째 예는 아이가 그림을 그리다가 "엄마, 코끼리를 못 그리겠어요. 엄마가 그려 주세요" 하고 의지한다면 과감하게 밀어내자. 이때 부모는 "○○이가 그릴 수 있는 만큼 그려 보는 거야!" 하며 격려해 주는 역할을 해야 한다. 아이가 따라 그리도록 계속 코끼리를 그려 준다면 아이는 자신 없는 그림을 그릴 때 시도조차도 하지 않는 아이로 자랄 수도 있다.

세 번째 예는 아이가 친구와 다투고 와서 부모에게 상황을 설명한다고 하자. 부모는 이때 다음 4단계의 과정으로 아이의 생각을 끌어내도록 한다. 1) "엄마도 ○○이가 많이 힘들었을 것 같아 많이 속상해." 2) "그때 ○○이의 마음은 어떠했어?" 3) "그랬구나! 얼마나 속상했을까? 많이 힘들었을 것 같아." 4) "다음에도 그 친구가 ○○이에게 그 행동을 하면 어떻게 하면 좋겠어?" 5) "그래, 좋은 생각이야. 엄마는 ○○이가 잘 대처할 거라 믿어." 하며 격려해 주는 것이다. 만일 아이 생각이 미흡하다면 살짝 조언을 얹어 주며 권유하는 형태가 딱 알맞다. 이 상황에서 부모가 답을 정해 주면 오히려 아이는 어떻게 대처해야 할지 몰라 우왕좌왕하는 아이가 되어 있을 수 있다. 이 내용은 앞의 소통법에서도 이미 언급되었던 내용이고 그만큼 중요하기 때문에 한 번 더 기억하면 좋겠다.

이처럼 아이 스스로 생각하고 판단하는 것은 생각보다 매우 중요하다. 아이가 커 갈수록 점점 스스로 생각하고 판단하는 과업들이 늘어난다. 그때마다 부모가 아이를 정서적으로 독립시키지 않고 일일이 답을 알려 주고 있다면 아이는 점점 의지하고 나약한 모습을 보일 수 있다.

3. 자기표현을 정확하게 하는 힘을 길러 주자

생각보다 많은 부모들이 아이의 표현언어에 관심이 없는 경우가 많다. 사회성이나 인지 관련해서는 관심이 많지만 내 아이가 자기표현을 얼마나 정확히 하는지 고민하는 경우는 그리 많지 않은 것 같다. 하지만 이 시기 내 아이가 언어표현은 물론 자기 생각을 표현하는 것에 매우 수동적인 양상을 보인다면 다른 부분에 대한 불균형이 함께 있음을 생각해야 한다.

예를 들어 아이가 유치원을 다녀왔는지, 밥을 먹었는지, 누구와 여행을 갔는지, 방학을 했는지 등에 대해서는 대답을 한다. 하지만 어떤 상황에서 기분이 어땠는지, 무얼 좋아하는지, 친구와 어떤 놀이를 할 때 가장 즐거웠는지 등의 질문에는 "몰라요" 등으로 방어를 한다면 주의 깊게 살펴보는 게 좋다. 왜냐하면 자기 생각이나 표현에 대한 자기 조절력을 쓰지 않으려고 하는 것이다. 조금만 더 생각하면 대답할 수 있는 질문이지만 그리 생각하고 싶지 않은 것이다. 아무리 조용한 기질의 아이라도 짧게 답을 한다면 충분히 자기 조절력을 쓰는 것이다. 하지만 평소 자신이 하고 싶은 말을 잘하면서도 유독 질문에 대해서는 "몰라요", "보통이에요" 하며 답을 회피한다면 아이의 자기 조절력 저하를 의심해 보아야 한다.

우리가 생각하는 것보다 언어표현이나 생각표현에는 자기 조절력이 매우 많이 필요하다. 생각을 정리해서 상황에 맞게 적절한 표현을 하기 위해서는 많은 동력이 필요한 것이다. 하지만 평소 일상에서 그만큼의 동력을 쓰지 않았던 아이는 자기 조절력을 필요로 하는 보다 심층적인 질문에 대해 방어를 하게 되는 것이다. 그래서 부모는 차분하면서도 단호하게 아이 눈을 보고 다시 물어보는 게 좋다. "○○이가 한 번 더 생각해 보고 짧게 너의 생각을 말해 줄까?" 하며 자기표현에 대해 확장을 해 주는 게 필요하다. 이 과정이 반복되면 아이는 보다 심층적인 질문에 대해 자기 조절력을 써서 대답하게 되고 자기표현에 대한 자신감을 찾게 될 것이다.

4. 자신의 일에 대한 책임감을 길러 주자

부모들이 생각하는 내 아이의 '책임감'은 생각보다 막연한 편이다. "내 아이에게 필요한 '책임감'은 어떤 걸 말할까요?"라는 질문에 부모들은 "아이가 약속을 지키고 예의를 지키고 자기 할 일을 해내는 게 책임감 아닐까요?" 하고 말하곤 한다. 이것도 매우 중요한 책임감이고 충분히 맞는 말이다. 하지만 내가 말하고자 하는 책임감은 좀 더 세부적이면서도 일상 곳곳에 있는 것을 말한다.

이 시기 아이에게 필요한 책임감은 어떤 것들이 있을까?

첫째, 스스로 해야 하는 일에 집중하는 것도 책임감이다. 아이가 스스로 해야 하는 일임에도 집중하지 못하고 계속 확인하거나 도움을 요청하게 된다면 의지와 책임감이 전혀 없다고 보면 된다. 내가 할 수 있고 해야 한다는 생각이 곧 가장 기초적인 책임감의 출발인 것이다.

둘째, 정해진 시간 안에 자기 할 일을 끝내지 못했다면 결과에 대한 책임을 아이가 지도록 한다. 부모는 아이가 정해진 시간 안에 자기 할 일을 하지 못하면 계속 시간을 주거나 하나하나 알려 주기도 한다. 마치 부모 일처럼 처리하는 침범을 시작하는 것이다. 이것은 결국 아이가 자신의 발달과업을 스스로 수행하지 못하고 부모에게 의지하는 무책임한 행동으로 이어질 수 있다. 아이는 자신이 정해진 시간 안에 해내지 못했기 때문에 그에 따른 결과를 수용하고 책임져야 한다는 걸 부모로부터 배워야 한다.

　셋째, 자신이 좋아하지 않는 상황이어도 해야 하는 일이면 해내야한다는 생각도 책임감이다. 약간의 지루함이나 불편감을 견디기보다피하기만 한다면 아이는 책임감을 가지지 않는 것이다. 부모가 알아서 다른 방법을 찾아줄 것이라는 기대를 하게 되고 점점 아이의 문제해결능력은 낮아지게 된다. 이때 가장 심각한 악순환이 시작되는데부모는 아이가 힘들어하는 상황을 제거해 주고자 하고 아이는 부모가해 주니까 어떤 의지나 책임감을 갖지 않게 된다.

　결국 아이는 자신의 개월 수에 맞는 발달과업을 쓰면서 자기 조절력을 성장시키고 그에 따른 책임감을 키워 가야 한다. 또한 학령기나그 이후에 필요한 목표와 책임감에 대해 견고한 힘을 비축해 두어야한다. 이 시기 아이에게 부모는 최대한 아이의 발달과업을 침범하지않으면서 아이가 목표를 향해 자기 조절력을 열심히 쓰도록 이끌어주는 노력이 필요하다.

5. 하기 싫고 어려운 과제에도 도전하게 하자

　부모는 아이가 하기 싫어하는 일을 시킬 때 가장 긴장한다. 자신도모르는 불안이 어디선가 올라오며 아이를 달래기 시작한다. 때로는대체물을 주며 "이거 하면 ○○ 해 줄게!" 하는 양상이 나오게 된다.

너무 화가 나는 상황에서는 아이에게 "너, 이거 안 하면 ○○ 없어!" 하며 겁을 주기도 한다. 둘 다 훈육의 힘을 가장 약하게 떨어뜨리는 반응임을 기억하자. 아이가 해야 하는 일에 대해서는 "○○ 하자!" 하고 단호하게 이끌어 줘야 한다. 달래기, 보상물은 필요하지 않고 되도록 훈육 상황에 보상물이 연합되지 않도록 해야 한다.

부모 성향이나 기질에 따라 교묘하게 아이에게 끌려다니는 경우도 있다. 아이는 부모의 반응을 통해 자신이 어떻게 하면 그 지긋지긋한 일을 하지 않을 수 있는지 정확히 안다. 그래서 부모가 여지를 주거나 도움을 주거나 보상물을 준다면 결국 아이에게 끌려다니는 것이다. 훈육에는 단호함이 중요하고 5초 이내로 정확히 해야 할 일을 말해 주며 코끼리와의 전쟁을 해 줘야 한다.

6. 아이의 발달과업을 100% 쓰도록 기다려 주는 인내심을 기르자

아이를 키우는 부모라면 모두 공감할 것이다. 내 아이가 느리거나 과제를 잘 못 한다는 생각이 들면 빨리 해결해 주고 싶다. 그래서 직접적인 도움을 주지 않더라도 언어적으로도 침범하는 경우가 흔할 수밖에 없다. 하지만 아이들은 부모가 어느 시점에서 도움을 주는지 정확히 알고 있다. 조금 징징거리거나 힘들어하거나 안 하고 있으면 도움의 손길이 오기 때문에 그 타임을 기다리는 것이다.

그렇다면 부모가 해야 할 일은 보다 분명해진다. 아이는 발달시기에 맞게 자신의 과업을 수행하는 데 필요한 자기 조절력을 써야 한다. 그래야 정상적인 인지 발달, 정서 발달, 사회성 발달을 가져올 수 있게 된다. 시행착오를 두려워하거나 부모에게 의지하는 형태가 되면 아이는 자신감이 점점 저하된다. 성취경험을 통해 자신감과 효능감을 획득하기 때문에 결국 스스로 다양한 방법을 시도해 보면서 성공했을 때 많은 성장을 가져올 수 있게 된다.

　이 시기 아이 중 빠른 경우는 이미 집중력을 요하는 학습을 시작하는 경우가 있기 때문에 아이의 발달과업에 들어가지 않도록 각별히 유의해야 한다.

　예를 들어 보자. 아이가 생각해서 해결해야 하는 문제 상황에서 부모를 계속 쳐다보며 "어려워요. 도와주세요!" 하고 말한다면 부모는 "○○이가 스스로 생각해서 하는 거야!"라고 말해 준다. 물론 아이는 힘들어하고 몸을 비비 꼬기도 하면서 자신이 괴롭다는 표현을 하게 될 것이다. 이러한 행동적 메시지를 '고통'이라 인식하지 않고 부모에게 의지하는 신호라고 인식해야 한다. 결국 부모는 아이가 시행착오를 겪으며 생각하고 해결하는 과정을 기다려 주는 역할을 해 주어야 한다.

　두 번째 예를 들어 보자. 아이가 일상이나 과제에 집중하지 않고 다른 행동을 하고 있다고 하자. 이때 부모는 다그치거나 대체물을 주기 쉬워진다. 하지만 아니다. 이때 가장 필요한 것은 아이 스스로 발달과업을 쓸 수 있도록 단호하게 하고 있는 행동을 끊어 주는 것이다. 즉, 블록을 만지고 있는 아이 행동을 끊어 주고 해야 하는 일로 이동하도록 이끌어 주는 것이다. 그렇지 않고 말로만 빨리 하자고 다그치거나 "이거 하면 ○○ 줄게!" 등의 훈육을 한다면 매일 반복되는 힘든 일상과 마주하게 되는 것은 뻔하다.

앞의 발달단계에서도 계속 언급했듯 아이의 발달과업은 세상을 살아가는 데 필요한 힘을 쓰는 것이다. 이 과정에서 부모가 도와주거나 화만 낸다면 결국 아이는 발달과업에 대한 자신의 능력을 적절히 활용하는 데 실패할 수 있다. 이로 인한 불균형은 인지, 정서, 사회성에 직결되기 때문에 부모는 '발달과업'의 중요성에 대해 집중하길 바란다.

7. 아이 공부가 부모 공부가 되지 않도록 하자

부모라면 가장 마음이 쓰이고 불안한 상황이 되는 경우가 공부 장면이 아닌가 한다. 공부를 제외한다면 사실 일상생활에서 아이와 부딪히는 일은 손에 꼽을 정도로 적을 수 있다. 특히 학령기를 준비해야 하는 이 시기 아이를 키우는 부모는 슬슬 한글이나 수에 대해 관심을 갖게 된다.

아이도 점점 소근육 발달이 완성되고 연필로 글씨를 쓰거나 정교한 근육을 쓰는 데 어려움이 없어진다. 한글, 수, 외국어 등에 대한 환경적 노출을 통해 제법 기본적인 학업에 대한 준비를 해 간다. 부모는 아이가 어렵지 않고 재미있게 공부할 수 있는 것들을 생각해 내거나 정보를 찾으며 아이에게 집중한다.

그렇다면 이 시기 아이에게 필요한 부모의 양육태도는 어떤 것일까?

먼저, 공부와 즐거움을 연합하도록 하자. 즉, 공부는 즐겁고 성취감이 있어야 또 하고 싶게 된다. 너무 강압적이거나 지루한 공부를 하다 보면 연합이 잘못되어 아이는 공부에 대한 흥미를 잃어버릴 수도 있다. 그렇다면 공부에 대한 훈육법에는 어떤 것들이 있는지 살펴보자.

* 아이 스스로 양을 정해서 하도록 하자. 스스로 목표를 정해서 성취하는 경험은 아이에게 공부에 대한 성취감을 주고 다시 도전하고 싶은 의지를 다지는 데 매우 중요한 요소다. 만일 아이가 너무 적은 양을 정한다면 적정량을 부모와 조율하여 정하도록 도와준다.
* 시간을 정해 주자. 아이가 양을 정하고 아무리 재미있게 공부하더라도 시간이 무한정이면 우선 많은 불필요한 행동들이 들어가게 된다. 아이 스스로 집중력을 발휘하여 자기 조절력을 안정적으로 쓸 수 있도록 시간을 정해 주는 것이 좋다. 예를 들어 "긴 바늘이 6까지 오면 공부시간이 끝나는 거야!" 하고 정해 주고 그 시간이 되면 시간을 정확히 끝내야 한다.
* 시간 안에 다 하지 못했을 경우, 우선 노력해서 완성한 부분만 칭

찬해 주자. 그다음은 어떻게 하면 좋을지 아이에게 물어봐야 한다. 끝까지 한다는 아이, 오늘은 그만하겠다는 아이, 엄마와 같이 하자는 아이 등 다양한 반응을 나올 것이다. 하지만 정확한 규칙은 오늘 공부를 끝내야 한다는 것에 두고 아이 스스로 공부를 마무리하도록 폭넓은 의미의 제한시간을 준다. 즉, "오늘 저녁 6시까지는 ○○이가 공부를 끝내고 엄마한테 알려 주는 거야!" 하는 넓은 의미의 책임감을 주는 것이다.

* 아이가 공부를 폭넓은 제한 시간 내에 끝냈을 때 충분히 읽어 주고 칭찬해 준다. 이는 아이가 힘든 시간을 견디고 자기 조절력을 충분히 쓰면서 능동적인 집중력을 쓴 결과이기 때문이다. 만일 제한 시간이 임박했음에도 놀고 있거나 공부할 생각이 없다면 30분 전에 다시 말해 준다. "30분밖에 남지 않았어. 이제 앉아서 남은 공부를 해야 할 시간이야!" 하고 단호하게 앉혀서 집중하도록 이끌어 줘야 한다. 부모는 약속한 시간에 가서 아이가 한 부분은 칭찬해 주고 안 한 부분에 대해서는 "다음에는 정해진 시간에 다 하자! 엄마는 여기까지만 봐줄 수 있어" 하며 과감히 나머지에 대해서는 관심을 버리는 게 중요하다.

* 평소 자기중심성이 높고 자기 조절력을 잘 쓰지 않는 아이의 경우, 문제 하나 풀고 "저 이거 했어요!" 하고 관심을 유도하는 행동을 하기도 한다. 이때마다 일일이 반응해 주고 칭찬해 주지 않도록 하자. 아이가 아무리 봐 달라며 관심을 유도해도 휩쓸리지 않아야 한다. 즉, "하는 일에 집중하자. 다 끝나고 확인할 거야!" 하며 밀어내야 한다. 당장은 아이에게 미안하고 무시하는 듯한 마

음이 들 수 있지만 아이는 점점 부모의 관심이나 반응 없이도 공부 자체에만 집중하는 능력이 생기게 된다.

* 아이가 쉽게 생각하는 문제는 잘하지만 좀 더 생각해야 하는 문제는 부모에게 의지할 수 있다. 즉, "엄마, 이거 모르겠어요!" 하며 엄마를 끌어당긴다. 이때 많은 부모들이 아이의 생각시간을 침범하며 들어간다. 아이는 스스로 생각하고 문제를 해결하는 과정에서도 자기 조절력을 써야 한다. 평소 문제해결이나 수행과정에서 조금만 어려워도 부모에게 의지하는 경우 학습장면에서도 똑같이 나오게 된다. 그래서 부모는 다소 답답하고 힘들 수 있지만 아이 스스로 생각해서 문제를 해결하도록 코끼리와의 씨름을 해 주어야 한다. 이 과정을 성공했을 경우 아이는 점점 스스로 생각해서 문제를 해결하는 힘이 생기고 이는 자신감으로 이어지게 된다.

* 앞에서도 언급했듯, 아이 스스로 계획을 짜서 그대로 실천해 보는 연습도 필요하다. 점점 연령이 올라갈수록 공부량도 스스로 정해보게 하고 그것을 성취하는 과정에서 자아성장을 가져올 수 있도록 도와주는 것이다. 많은 부모들이 아이 스스로 계획을 어떻게 짜냐고 반문할 수도 있으나 내 아이는 생각보다 계획을 잘 짤 수 있는 능력을 갖춰 가고 있다. 또한 아이 스스로 계획을 세워서 실천하는 과정을 통해 성취감과 자아 탄력성, 자기 효능감을 축적할 수 있다.

* 공부는 결국 '성취감'과 연합되어야 한다. 아이가 강압적인 힘에 이끌려 공부하거나 목표 없이 하루하루 공부량을 채워 간다면 '지루함'과 연합될 가능성이 높아진다. 훗날 아이의 공부에 대한 주

도성은 결국 '성취감'이라는 열쇠에 달려 있다고 해도 과언이 아니다. 즉, 재미있고 보람되어야 하고 싶은 생각이 들고 성취해 가는 과정의 달콤함을 경험하게 되는 것이다. 한편 자신이 목표한 부분을 못했을 때는 책임감 또한 스스로 느끼면서 다음에는 스스로 해내야 한다는 생각으로 이어지도록 이끌어 주고 기다려 주는 것이다.

결국, 공부는 아이가 주도적이고 능동적으로 하는 힘이 가장 중요하다. 1년 공부하고 끝나는 게 아니라 20년 이상 공부를 해야 하는 것이라면 부모는 한 발짝 물러나서 아이 스스로 힘든 여정을 이겨 내고 성취해 가도록 기다려 주자.

8. 아이가 산만한지 점검하자

많은 부모들이 아이가 산만하거나 집중을 못할 때 '혹시 ADHD?'라는 생각을 가장 먼저 떠올린다. 그래서 실제로 ATA 주의력 검사, CAT 집중력 검사 등을 진행하기도 한다. 검사 결과 ADHD 범주에 들어가는 경우 병원에서는 대부분 약물 처방을 함께 하기도 한다. 하지만 원인에 대해서는 '상쇄불명' 또는 '경계선'이라는 말로 대신한다. 검사 결과만 놓고 '진단' 또는 '가능성 낮음' 등에 집중할 뿐 아이의 현재 심리나 양육환경에서 기인된 요인들에 대해서는 깊이 다루지 않는 것 같다. 물론 뇌기능의 문제로 인해 스스로 통제능력이 없거나 치료를 필요로 할 때는 반드시 진단과 약물 처방이 필요한 경우도 있다. 하지만 양육 환경이나 훈육 과정에서 부모가 놓치고 있는 부분이 있을 때도 아이는 산만하고 집중시간이 짧을 수 있다.

그렇다면 자기 조절력과 관련하여 아이가 산만한 이유에 대해 다시 한번 점검해 보기로 하자.

* 20개월 전후 아이에게 지나치게 폭넓은 자율성을 줄 때
- 아이라서 원하는 것을 해야 하고 안 하고 싶으면 하지 않아야 된다는 생각이 강할 때 나타날 수 있다. 즉, 아이가 밥 먹다가 돌아다녀도 '아이들은 다 그렇지!' 하는 생각으로 자율성의 범위가 넓을 때 아이는 자기 행동에 대한 통제력이 낮아질 수 있다.
- 아이가 해야 하는 일 앞에서 안 하겠다고 떼를 쓸 때 부모는 '이렇게까지 아이를 힘들게 할 필요가 있나?' 하는 의문이 들면서 수용해 주는 경우다. 이 또한 아이가 싫어하거나 지루하게 느끼는 주제 앞에서 멍하게 있거나 산만해지는 양상으로 나타날 수 있음에 유의해야 한다.

* 기질적으로 활동량이 많을 때
- 기질적으로 상황에 따라 생각과 행동이 빠르게 움직이는 아이라면 다소 산만하거나 전환이 빠를 수도 있다. 하지만 중요한 것은 중요한 순간에 통제가 된다면 기능적으로 산만한 아이가 아닐 가능성이 높다. 어떤 기질이냐가 중요한 게 아니라 통제해야 하는

순간에 행동이나 감정을 통제할 수 있느냐가 중요한 것이다.

- 기질적으로 온순하고 정적인 아이라 하더라도 부모가 훈육 타이밍을 놓치면서 이끌려 다니면 결국 누가 봐도 산만하고 불안정한 아이로 인식되는 경우도 있다. 실제로 많은 아이들이 집중력 자체의 결함이 없음에도 까다롭고 산만하다는 인상을 주며 자라는 경우가 많다. 결국 앞에서 수없이 강조한 훈육 타이밍이 그 답임을 잊지 말자.

* 계속 상황에 맞지 않는 말이나 행동을 할 때

- 공부나 일상생활을 할 때 계속 다른 행동을 하거나 장난을 치는 아이가 있다. 부모는 좀 집중하라고 훈육하지만 계속 시간은 길어지고 잡다한 말과 행동이 많아진다. 원인은 어디에서부터 왔을까? 바로 부모가 아이가 하는 말과 행동에 반응을 해 주며 끌려가기 때문이다. 아이가 공부나 일상생활 수행 과정에서 다른 말과 행동을 할 때는 바로 하는 일에 집중하도록 이끌어 줘야 한다. 아이의 말과 행동에 대한 반응도 절대 하지 않고 "여기 쳐다보고 집중해!" 하며 아이가 집중하도록 단호하고 일관되게 훈육해야 한다.

- 아이는 물론 하고 싶은 말도 많고 중간중간 생각이 떠오르면 표현하고 싶다. 하지만 수행하는 상황과 놀이 상황은 정확히 구별되도록 부모가 훈육해야 한다. 어려워도 지속적으로 이렇게 하다 보면 아이는 집중해서 공부할 수 있고, 놀이할 때는 놀이에 집중하는 아이로 자라게 된다.

- 우리가 인식하고 있는 것보다 생각해서 표현한다는 것은 상당한 양의 자기 조절력을 요한다. 그냥 저절로 생각해서 표현이 나오는 것이 아니다. 이 시기 아이의 발달과업에는 생각해서 문제를 해결하는 과제가 가장 중요하다. 이는 사회성에도 영향을 미치고 지적인 기능에도 충분히 영향을 준다.

- 그렇다면 아이들이 생각해야 하는 순간에 부모에게 의지하려는 심리는 어떤 것일까? 바로 생각하는 자기 조절력을 쓰기가 힘들다고 느끼기 때문이다. 이는 아이가 20개월 이후부터 자기 조절력을 써야 하는 상황에서 떼쓰거나 울면 부모가 해결해 줬던 행동과 만난다. 부모는 떼쓰는 행동과 부모에게 질문하는 아이 행동은 다르다고 인식하며 열심히 도움을 준다. 하지만 이는 아이 스스로 생각하고 문제해결을 하는 능력을 부모가 빼앗아 버리는 상황임을 알아야 한다.

- 아이가 공부나 과제 수행 장면에서 "엄마, 이거 모르겠어요!" 또는 "엄마, 한 문제 풀었어요!"처럼 확인을 받거나 도움을 요청하는 행동을 할 경우는 반드시 쳐내야 한다. 이 순간 또다시 코끼리와의 전쟁이 필요한 것이다.

- 아이들은 생각하는 시간에 정말 많은 자기 조절력을 쓰게 된다. 문제해결을 위해 갈등하고 힘들어하고 또 다시 생각하는 시간은 마치 영양제를 먹는 것과 같은 긍정적인 도움을 준다. 비록 정확한 답을 쓰지 않더라도 아이 혼자 생각하고 갈등하고 고민하는 과정에서 충분히 자기 조절력이 비축될 수 있다.

- 만일 답이 틀렸으면 어디가 틀렸는지도 아이 스스로 찾아내도록
해야 결국 아이 스스로 해결책을 찾을 수 있는 능력을 저장하게
된다.

* 과제 수행 시 불필요한 행동이 너무 많을 때

- 심리적, 신체적으로 균형 잡힌 아이는 공부나 과제를 시작해서 끝
낼 때까지 그리 많은 시간이 걸리지 않는다. 왜냐하면 집중해서
공부나 과제에만 집중했기 때문이다. 하지만 공부나 과제 수행과
정에서 불필요한 행동이 너무 많은 경우 자기중심성이 높고 자기
조절력이 낮아져 있는 경우에 해당된다. 즉, 공부나 과제 수행 과
정에서 너무 많은 이야기를 하거나 필요하지 않은 종이접기, 지우
개 부수기, 연필 씹기, 종이 찢어서 이리저리 모양 만들어 보기 등
의 다양한 행동을 하며 시간을 지연시킨다. 부모는 이런 아이에
게 다가가서 하나하나 가르쳐 주거나 확인해 주며 아이가 부모에
게 의지하도록 만든다. 이는 결국 악순환이 되어 아이의 공부시
간은 점점 늘어나고 질적으로 수준이 떨어지게 된다.

- 이렇게 불필요한 행동을 많이 하는 아이에게 필요한 것은 결국
'훈육 타이밍'이다. 앞에서도 많이 등장했으나 훈육 타이밍은 아
이의 자기 조절력을 논할 때 기초가 될 정도로 매우 중요하다. 즉,
아이가 공부 외 다른 행동이나 말을 할 때 휩쓸리면 안 되고 2초
이내로 즉시 끊어 주어야 한다. 아이는 반복할 수도 있고 불편하
게 생각할 수도 있다. 하지만 부모는 이 순간에 200%의 에너지를
집중하여 아이가 공부나 과제에만 집중하도록 단호하고 짧게 끊

어 주어야 한다.

- 이 과정을 반복해서 성공하다 보면 점점 공부 장면에서 불필요한 행동을 하는 빈도수가 줄어들고 아이는 조금씩 안정된 모습으로 변화해 갈 것이다. 노력 과정에서 단 하루 만에 안 된다고 실망하지 말자. 중요한 것은 아이가 지속적으로 공부나 과제에 집중할 수 있을 때까지 일관성을 유지하는 것이다.

* 대충 읽고 대충 끝내 버리려는 정확성과 체계성이 부족할 때

- 아이가 놀이나 과제를 수행할 때 대충 하는 습관이 베여 있다면 겉으로 드러나는 행동이 산만하고 불안정할 수 있다. 이는 20개월 전후에 아이의 놀이 전환이 빠를 때 목적 행동을 주어야 하는 이유와 만난다. 즉, 아이가 놀이를 끝내지 않고 전환할 때 놀이 확장을 놓쳤을 때 나오는 것이라 할 수 있다. 놀이 확장을 통해 아이가 좀 더 정확하고 안정감 있게 놀이나 과제를 수행하고 성취감을 느낄 수 있도록 도와주어야 한다.

- 한편 아이가 대충 뭔가를 해 놓으면 부모가 일일이 설명해 주고 알려 주는 경우도 해당된다. 이는 아이가 항상 대충 하고 나서 부모가 알려 주기를 바라는 행동이 강화될 수 있어 매우 집중해서 훈육해야 한다. 즉, 아이가 대충 과제를 해 놓았을 때 우선 잘한 부분을 찾아 칭찬해 준다. 그다음 좀 더 정확하고 꼼꼼하게 해야 하는 곳을 아이 스스로 찾아내 보도록 한다. 부모가 일일이 알려 주면서 "여기 고쳐, 저기 다시 해!" 하는 훈육은 결코 도움이 되지 않을 수 있다.

- 아이가 공부나 과제를 수행함에 있어 정확하고 꼼꼼하게 해내는 능력은 일생을 두고 아이에게 긍정적인 영향을 줄 수 있다. 부모가 단순히 '아이라서 그래!'라는 생각으로 훈육하지 않는다면 아이는 중요한 능력에 대한 연습을 하지 못하고 청소년이나 성인이 될 수 있다.

- 아이의 정확성과 꼼꼼함을 채울 수 있는 과정을 열거해 보면 다음과 같다. 1) 시간을 정해 놓고 아이 스스로 과제를 해 보도록 한다. 중간에 개입하거나 알려 주거나 반응하지 않는다. 2) 조금이라도 아이가 잘한 부분은 충분히 칭찬해 주고, 잘 안 됐거나 도전해야 할 부분에 대해서는 아이에게 어떻게 할지 질문한다. 3) 아이가 안 하려고 하거나 도와달라고 하면 안 된다고 말한다. 4) 부모는 '오늘 저녁 7시까지'와 같이 가능한 시간을 최대한 정해 주며 나머지 공부할 부분을 아이에게 준다(식탁 위나 탁자 위 아이가 잘 보이는 곳에 바구니를 두고 그 위에 두는 것도 좋다). 5) 정해진 시간 안에 노력한 부분은 충분히 칭찬해 주고 혹시 남은 부분에 대해서는 아이가 직접 선생님께 말씀드리거나 해결하도록 책임을 부여하며 끝낸다.

- 어찌 보면 미성숙한 아이에게 너무 많은 책임을 부여하는 게 아닌가 하는 걱정도 될 것이다. 하지만 부모가 하나하나 침범해서 아이가 의지하게 하는 것보다 자율성, 체계성, 정확도를 더 높일 수 있는 방법임을 기억하면 좋겠다.

* 타인의 눈치를 보느라 공부나 과제 자체에 몰입하지 못할 때

- 아이 성향이나 기질에 따라 불안도가 높은 경우가 있다. 아이가 기질적으로 불안에 취약할 수도 있고 양육환경에서 불안을 높일 만한 다양한 변인들이 존재하기도 한다. 이럴 경우 아이가 주변 상황에 영향을 덜 받을 수 있도록 환경을 아늑하고 조용하게 해 주는 노력이 필요하다.

- 즉, 조용하고 깨끗하게 정돈된 방에서 정해진 시간 안에 공부를 끝내고 충분히 놀 수 있도록 시간을 주는 게 좋다. 이런 기질의 아이일수록 공부나 과제에서 느끼는 성취감이 중요하기 때문에 부모가 세심하게 신경을 써 주는 게 좋다.

- 타인의 눈치를 보는 아이의 경우 부모가 지나치게 많은 통제를 했거나 결과에 대한 부정적인 피드백이 많았을 때에 해당될 수 있다. 가장 중요한 것은 자기 조절력을 쓰도록 균형을 맞춰 주는 것이지 아이를 부정적으로 억압하고 통제해서 불안을 높이는 것이 아니다. 즉, 해야 하는 일이면 하도록 이끌어 주고 충분히 과정과 결과를 칭찬해 주면서 성취감과 자아 탄력성을 키워 주도록 한다.

9. 또래관계에서 자주 부딪히는지 점검하자

아이가 태어나서 부모 외 또래에게 관심을 보이며 사회화되는 과정은 매우 감동스러운 과정인 것 같다. 사람은 가족 안에서만 살아갈 수 없는 사회적 존재이기에 더더욱 이 과정은 아이 성장과정에서 필

연적이고도 중요하다 할 수 있다.

최대 생후 30개월까지는 또래관계에 그리 관심이 없는 시기다. 또래들이 모여 있어도 혼자 놀거나 잠깐 눈맞춤을 하거나 손을 잡고 이동하는 것에서 멈추기도 한다. 하지만 좀 더 발달이 빠른 아이의 경우 이미 또래에게 인사도 하고 놀이 주도도 하며 높은 성숙도를 보여 주는 경우도 많다.

생후 발달과정이 천차만별인 것과 마찬가지로 또래관계에 관심을 보이는 발달 차도 이처럼 다르게 나타난다. 이는 언어능력, 기질, 인지기능, 성격적 성향 등에 따라 달라진다고 볼 수 있다.

이 시기 아이에게 '또래'는 어떤 의미일까? 자신과 키도 비슷하고 같이 있으면 어른과는 다른 흥미로운 존재임에 틀림없다. 아이가 살짝만 웃어도 또래가 깔깔 웃어 주며 뭔가 익숙한 즐거움을 느끼게 해 준다. 관심사를 이야기하면 바로 반응이 오고 자신이 경험한 경험의 크기와 매우 닮아 있어 신기하다. 이것이 또래가 주는 행복이고 안정감이다.

이처럼 '또래'는 이 시기 아이에게 매우 중요하고 흥미로운 존재다. 하지만 자기 조절력이 약하고 자기중심성이 높아져 있는 아이의 경우 '또래'는 하기 싫은 경쟁을 해야 하는 불편한 존재일 수 있다. 그래서 유치원에 안 간다는 말을 자주 하고 친구가 힘들게 했다는 말을 자주 하며 불편감을 드러낸다.

이 상황에서 아이의 불균형을 인지하지 못한 부모는 아이가 단순히 사회성이 부족하다고만 생각하고 자기 조절력의 문제나 자기중심성에 대한 의문은 전혀 갖지 못한다. 그래서 대부분 사회성 프로그램을 찾아다니거나 유치원을 옮기는 것으로 해결방법을 쓴다.

아이는 이미 사회화에 필요한 자기 조절력이 부족한 상태이고 부모는 어떻게 이 자기 조절력을 채워 줘야 하는지 막막하기만 하다. 가장 슬픈 것은 아이가 사회성이 떨어지거나 불안해하면 '애착'이 부족해서 그렇다고 인식하여 자율성 범위를 더 넓혀 주는 양육태도로 전환하는 부모도 있다는 점이다. 일명 '기죽으면 안 돼!'의 전략으로 가는 것이다. 하지만 반대로 가고 있는 것이다.

또래관계에서 어려움을 겪거나 부딪힘이 잦은 아이의 경우 대부분 부모의 침범, 성급함, 훈육 타이밍 놓침, 자율성의 넓은 범위 등이 원인인 경우가 많다. 즉, 아이가 뛰어다녀도 훈육하지 않고, 미끄럼틀을 거꾸로 타고 있어도 조심하라고만 하지 순서대로 타야 한다는 훈육을 하지 않는 것이다. 아이가 힘들다고 하면 안 하게 해 주고, 도와달라 하면 바로 달려가서 도와주는 양육방식을 택하는 것이다. 그뿐 아니라 아이가 양치질을 해야 하는데 물놀이를 하고 있어도 훈육하거나 끊어 주지 않고 물놀이하는 행동을 귀여워하며 반응해 준다. 이러한 상황들이 결국 또래와의 관계에서 불편감과 부딪힘을 계속 만들어 내는 것이다.

그렇다면 또래관계에서 부딪힘이 많은 아이에게 어떤 양육태도가 필요한지 하나하나 점검해 보기로 하자.

* '난 무조건 1등 해야 해!' 하는 내 아이
- 당연히 누구나 1등 하고 싶고 1등을 했을 때 성취감이나 만족감을 얻을 수 있다. 하지만 1등을 못 했을 때 느끼는 좌절감이나 상실감, 원망감이 매번 크게 인식된다면 경쟁사회에서 어떻게 균형을 잡고 살아갈 수 있겠는가!
- 아이가 커 가면서 부모는 승부에서 져 주기보다 수용하는 마음을 키워 주어야 한다. 매번 져 주고 우리 아이가 1등이라며 칭찬을 해 주는 게 얼마나 부정적인 영향을 주는지 앞에서도 많이 언급했다.
- 내 아이가 승부에 너무 집착하고 자신의 의지대로 되지 않았을 때 심하게 좌절한다면 오늘부터 부모의 행동을 점검해 보면 좋겠다. 아이가 정정당당하게 승부를 겨룬 후 이길 때도 있고 질 때도 있음을 수용하도록 기회를 주자. 그랬을 때 양보나 배려, 협동, 수용 등의 마음이 생겨 조화롭게 또래관계를 형성해 갈 수 있게 된다.
- 세상을 살면서 항상 변수가 따르고 때로는 내가 먼저 할 수 있지만 그렇지 않은 경우는 더 많을 수 있다. 부모 마음은 내 아이가 모든 걸 가장 잘하고 먼저 했으면 하는 바람이 있을 수 있다. 하지만 이로 인해 아이가 상황이 주는 좌절감이나 실패상황을 견뎌 내는 힘이 약해진다면 노력의 필요성은 길게 말하지 않아도 알 것이다.

- 부모가 내 아이를 지켜봤을 때 기관에서 있었던 이야기를 할 때 남 탓을 많이 한다면 주의 깊게 살펴보자. 이는 아이 중심으로 모든 상황을 해결하고 수용해 주는 과정에서 누적된 결과일 수 있다.

- 부모는 아이가 원하는 것을 다 주고 싶어 한다. 하지만 이 세상 모든 것이 아이 마음대로 되지 않기에 내 아이의 자기중심성을 흔들어 줄 필요성이 있는 것이다. 이러한 과제들을 부모가 적절히 해내지 못하게 되면 결국 아이는 자기중심으로 돌아가지 않는 세상을 탓하고 원망하는 마음이 커질 수 있는 것이다.

- 부모는 아이에게 해 줄 수 있는 것과 해 줄 수 없는 것을 명확히 알려 주어야 한다. 또한 지금 가능한 것과 가능하지 않아 수용해야 하는 것도 가르쳐야 한다. 자기중심성과 자기 조절력은 서로 줄다리기를 한다. 만일 부모의 양육환경에 대한 변화가 미흡하다면 결국 아이는 자기중심성은 높고 자기 조절력은 낮은 상태로 스트레스를 받으며 살아가게 될 수도 있다.

* 다른 아이는 칭찬하지 말라고 하는 아이

- 자기중심성이 높은 아이 중에는 부모가 다른 아이를 칭찬만 해도 속상해하고 세상이 무너지는 경험을 하기도 한다. 부모가 생각할 때 별거 아닐 수 있으나 우주와 같은 부모가 다른 아이를 칭찬한다는 것은 유쾌하지 않을 수 있다.

- 아이가 뭘 해도 잘했다며 칭찬하고, 쳐다봐 달라고 관심을 이끌어 내면 즉시 바라봐 주고, 항상 예쁘다 사랑한다 말해 줬던 것에 익

숙해져 있는 아이다. 그런데 부모가 다른 아이를 칭찬한다는 것은 일종의 패배감과도 같은 감정이 들기도 한다. 평소 자기중심성이 불균형적으로 높아지지 않도록 부모는 아이에게 적절하게 제한 두기를 해 주고, 만족지연을 시켜 주고, 합리적인 칭찬을 해 주도록 한다.

- 이 감정은 무조건 1등 하고 싶은 마음과도 비슷한 맥락이다. 내가 가장 예뻐야 하고 나만 사랑받고 칭찬받아야 하는데 왜 저 친구가 저런 칭찬을 들어야 하는지 속상한 것이다. 이때 부모는 이길 때도 있고 질 때도 있음을 가르쳐 주는 것과 마찬가지로 "○○이도 잘했지만, **이도 잘해서 칭찬 들을 수도 있는 거야!" 하고 수용을 가르쳐 주는 것이다. 이를 통해 아이는 또래관계에서 적절한 조화를 이루고 불필요한 스트레스를 받지 않는 힘을 얻게 될 것이다.

* 자기 장난감이나 물건을 절대 못 만지게 하는 아이

- 아이에 따라 성향의 차이는 있으나 자신의 물건이나 장난감을 절대 만지지 못하게 하는 아이가 있다. 물론 당연한 것이다. 하지만 어느 정도는 유연성이 있어야 하지만 '절대'가 문제가 되는 것이다. 친구가 놀러 와서 함께 놀 때도 "이것 만지지 마. 이건 안 돼!" 하고 계속 통제한다면 다음에는 별로 놀고 싶지 않을 수 있다.
- 이러한 감정이나 행동은 또래 관계에서도 수시로 부딪힘이 발생할 수 있다. 자기 장난감이라고 숨겨 놓거나 만졌다고 울거나 밀치게 되는 경우로 이어지기도 한다.
- 그렇다면 부모는 어떤 도움을 주어야 할까? 내 아이가 자기 장난

감이나 물건을 다른 아이들이 만지는 것을 절대로 허락하지 않는다면 부모는 평소 이러한 연습을 해 두는 게 좋다. 즉, 모두 소중하지만 그중 하나만 다른 사람이 만져도 되는 것을 주도록 기회를 주는 것이다. 예를 들어, 아이는 어떤 것도 주기 싫어하지만 그중 장난감 로봇은 줄 수 있다고 결정하여 부모에게 주는 놀이를 자주 하는 것이다. 부모는 친구 역할을 하면서 아이의 자기중심성을 흔들어 주는 역할을 평소에 해 두는 것이다. 아이는 주고 싶지 않아서 오랜 시간을 끌 수도 있고, 절대로 주지 않을 거라 단언을 하는 경우도 발생할 수 있다. 하지만 인내심을 가지고 아이가 줄 때까지 시간차를 두고 말하며 기다려야 한다. 기다리는 시간은 아이가 갈등하고 생각하는 시간이며 이 과정은 아이가 다른 사람 입장에서 생각하고 다른 사람의 감정에 대해서도 생각하는 시간이 될 수 있다. 어떤 시도가 됐건 단시간에 될 것을 기대하기보다 시간차나 여유를 가지고 아이가 끝까지 해낼 때까지 기다려 주는 노력이 중요하다.

- 아이가 만일 소중한 장난감이나 물건을 친구에게 만지도록 허락했을 때, 부모는 합리적으로 읽어 주며 아이 마음을 칭찬해 주면 된다. 즉, "○○이는 소중한 장난감을 친구와 나눠 쓸 수 있는 아이구나!" 하고 읽어 주는 것이다. 아이는 이때 다른 사람에게 자신의 물건을 줄 수 있는 건 소중한 일이고 대단한 경험임을 인식하면서 한 단계 더 성숙되는 것이다.

- 이 시기 내 아이가 또래에게 선뜻 다가가지 못한다는 건 부모에겐 걱정이다. 사회성이 너무 떨어지고 자존감이 낮은 아이가 되면 어쩌나 하는 생각이 들기 때문이다. 그렇다면 내 아이가 또래에게 선뜻 다가가지 못하는 이유는 무엇일까?

- 발달과업 안에 부모가 너무 깊이 들어가 있는 경우일 수 있다. 즉, 이 시기 아이의 발달과업 안에는 또래에게 말 걸고 다가가기도 포함된다. 부모가 매번 친구를 만들어 주거나 갈등을 해결해 주는 침범을 하고 있다면 또래관계 기술이 낮을 수 있다. 즉, 매번 부모가 말을 걸어 주고 친구에게 어떻게 다가가는지 알려 줬던 아이라면 친구와 놀고 싶지만 방법을 몰라 혼란이 올 수도 있다.

- 부모는 아이가 소극적이라 용기를 주기 위해 촉진해 주고 친구에게 대신 말을 걸어 주며 놀 수 있는 기회를 주어야 한다고 생각하는 것이다. 하지만 그 반대라 생각하면 된다. 다소 느리더라도 아이가 어떻게 친구에게 다가가야 하는지 터득할 수 있도록 시행착오 경험을 충분히 주는 것이다. 때로는 이렇게, 때로는 저렇게 다양한 방법으로 다가가 보고 어떤 방법이 친구가 가장 편하게 받아들일 수 있고 효과적인지 찾아내도록 한다.

- 이렇듯 아이의 발달과업은 스스로 채워 가도록 해야 한다. 기다리기, 다가가기, 양보하기, 배려하기, 집중하기, 시간이나 상황에 맞추기 등은 이 시기에 중요한 과업이다. 부모는 언어적. 행동적 침범을 최대한 줄이고 아이에게 기회를 주어 사회 성숙도를 키워 주도록 노력하자.

* 또래에게 쉽게 상처받고 대처 못 하는 아이

- 내 아이의 자아 탄력성이 떨어져 있을 때 또래에게 쉽게 상처를 받게 된다. 즉, 불편감이나 불쾌감을 견디는 힘이 약해서 또래들의 작은 행동이나 말에도 쉽게 상처받고 의기소침하거나 복수를 하기도 한다. 부모는 내 아이가 어떤 상황에서도 잘 대처하고 탄력성 있게 도전하기를 바란다. 하지만 아이가 원하는 대로 최적화를 통한 자기중심성이 높아져 있는 상태에서는 반대로 자아 탄력성이 떨어져 있다.

- 아이러니하지 않은가! 혹여라도 기죽을까 하는 마음에 아이가 원하는 대로 다 해 주는데도 왜 이렇게 기죽은 모습을 하는지 안타깝기만 하다. 왜 그렇겠는가! 자기 조절력을 써야 하는 상황에서 어떤 힘도 쓰지 않고, 발달과업을 충족시키지 않아도 원하는 것을 얻어 낸 경험이 있기 때문이다.

- 아이가 적절한 대처도 못 하고 또래가 원하는 대로만 하는 것도 자기중심성의 다른 이면이다. 아이는 또래와 친해지기 위해 미성숙한 행동으로 다가갈 수 있다. 즉, 무조건적 수용 또는 만지거나 때리면서 다가가는 행동 등 부적절한 행동이 나올 수 있다. 평소 스스로 생각하고 행동하고 해결하는 연습이 많이 되어 있어야 적절한 행동과 대처를 할 수 있는 것이다.

* 자아 탄력성을 키워 주자

- 아이의 자아 탄력성과 자존감은 결국 성취감을 통해 자랄 수밖에 없다. 성취감은 그리 거창하지 않아도 되고 매우 사소한 것에서

부터 출발한다. 우리 감정도 사소한 것에서 화가 나고 토라지듯 성취감 또한 사소해도 이게 지속적으로 누적되면 큰 효과를 발휘한다.

- 아이의 경우 자기 조절력을 쓰는 경험을 통해 성취감을 느끼고 이는 곧장 자아 탄력성과 자존감, 긍정적인 자아상으로 이어진다. 아이가 또래관계 안에서 느끼는 크고 작은 좌절을 견딜 수 있도록 해 주는 힘이 곧 '자아 탄력성'이다. 좌절하더라도 시간이 조금 지나면 회복되어 다른 또래에게 다가가 말을 건넬 수 있는 힘이 되는 것이다.

- 앞에서 언급했듯 부모는 항상 아이 옆에 한발짝 물러서서 아이를 뒤따라가는 역할을 해야 한다. 앞에서 아이의 일거수일투족을 다 알려 주고 간섭하는 역할을 했을 때 아이의 자아 탄력성은 떨어질 수 있음을 기억하자.

10. 아이처럼 말하는 유아어를 여전히 쓰는지 점검하자

내 아이가 집에서 봤을 때는 모르지만 밖에서 또래들과 어울릴 때 다소 어리게 말하거나 대처능력에서의 민첩성이 떨어진다고 느낀 적이 있는가? 만일 한 번이라도 심각하게 느꼈다면 분명 내 아이는 자기 조절력의 불균형을 경험하는 상태라 할 수 있다.

우리는 언어표현을 할 때 무의식적으로 많은 양의 에너지와 힘을 쓴다. 상황에 맞는 어휘를 선택하여 힘을 써서 표현해야 한다. 하지만 부모가 수용적이고 아이의 발달과업 촉진보다는 아이가 힘들어하는 것에 집중하며 다 도와준다면 결국 자기 조절력 양이 매우 부족해진다. 그러면 상황에 맞게 자신이 가진 어휘를 통합하여 인출하는 과정에서 에너지가 부족하다. 미끄러지듯 대충 말하기, 단어만 말하기, 쓰는 말만 매번 쓰기, 논리성 결여 등의 양상을 나타내는 것이다.

이에 대한 악순환으로 부모는 아이가 말을 잘 못 하니까 대충 말해도 도와주고 해석해 주고 알아듣고 행동해 주게 된다. 이는 아이의 언어발달 정체와 유아어를 지속적으로 쓰도록 만들게 된다. 생각보다 유아어는 아이의 사회성에 부정적으로 작용하며 점점 타인과의 관계에서 자신감 저하로 이어질 수 있다.

그렇다면 유아어를 쓰는 내 아이에게 어떤 양육방법과 환경이 필요한지 살펴보자.

* 자기중심성을 낮춰 주자
- 유아어와 자기중심성과는 어떤 연관이 있을까? 바로 자기중심성이 지나치게 높아지면서 아이는 자기 조절력이 필요한 순간에 도움을 청하거나 회피하기 때문이다. 특히 통합능력을 요구하는 언어표현에서는 단조로운 표현이나 미끄러지듯 대충 말하는 습관이 생기게 되는 것이다.

* 아이가 대충 말하면 힘을 주고 또박또박 말하도록 1회 기회를 준다

- 결국 아이가 갖고 있는 어휘력을 조합하여 이를 상황에 맞게 표현하는 것이 언어표현이다. 그래서 부모는 대충 말하는 아이에게 정확하게 말하도록 가르치는 노력이 필요하다. 너무 많이 개입하여 또박또박 말하라 하면 아이는 말하는 것에 대한 즐거움을 완전히 잃어버릴 수 있기 때문에 꼭 1회만 이끌어 주도록 한다.

- 한편 아이가 "이거", "저거"와 같이 지시하는 말만 써도 알아듣고 즉각 행동으로 옮겨 주지 않도록 하자. 아이에게 "○○이가 원하는 걸 자세하게 표현해야 마음을 알 수 있어!" 하고 말해 준다. 아이가 정확히 표현하지 않으면 어떤 것도 얻을 수 없음을 알려 줘야 하고, 정확히 표현했을 때 자신이 원하는 것을 얻을 수 있음을 인식시켜 주도록 한다.

- 1차적으로 정확히 표현하기가 완성되어야 상황에 맞게 갈등을 해결하고 문제에 대처할 수 있는 능력까지 성장할 수 있다. 아이가 유아어 대신 자기 생각을 명확하게 표현할 수 있도록 꾸준히 기회를 주자.

* 아이에게 감정표현을 하는 시간을 많이 준다

- 자기 조절력이 낮은 아이의 경우 감정표현을 할 때 "몰라", "기억이 안 나" 등과 같은 표면적이고 피상적인 단어를 자주 쓴다. 유치원에서 어땠냐고 물으면 "그냥", "좋아" 등의 말만 해서 부모는 계속 다그치며 물어보는 경우가 많다.

- 평소 어떤 상황이나 행동에 대해 부모 감정을 먼저 표현하고, 아

이도 생각해서 감정을 말하는 연습을 많이 하는 게 좋다. 예를 들어, 꽃에 나비가 와서 앉는 모습을 보고 엄마가 먼저 "엄마는 꽃에 나비가 앉는 모습을 보면서 따뜻한 생각이 들었어! ○○이는 어떤 생각이 들었어?" 하고 물어본다. 자기 조절력이 낮은 아이의 경우는 회피하거나 다른 이야기로 넘어가고 싶어 한다. 하지만 소소하고 미성숙한 표현이라도 아이가 표현해 보도록 기다려 준다. 이때 부모가 예를 들어 주거나 도움을 주는 것은 침범의 형태로서 좋지 않다. 아이 스스로 생각해서 작은 말이라도 표현하는 능동성이 매우 중요하기 때문이다. 아이가 "좋아"라고 말하면 "어떻게 좋은지 좀 더 자세히 말해 줄까?" 하고 확장해 주는 것이다. "예뻐서 좋아!"라고 한 마디라도 더 추가되면 "아, 예뻐서 좋았구나! 이렇게 자세히 말해 줘서 고마워!" 하고 합리적으로 읽어 준다.

- 또한 맛있는 음식을 먹으면서 엄마가 먼저 "엄마는 고기를 먹을 때 너무 맛있고 행복해!" 하고 말하고 아이 생각을 물어본다. 아이가 "맛있어" 하고 말하면, "어떻게 맛있는지 자세히 말해 줄까?" 하고 확장해 준다. 아이가 "고소하고 맛있어!" 하면 "아, 고소하고 맛있구나! 이제야 ○○이가 느끼는 맛을 알 수 있을 것 같아! 표현해 줘서 고마워!" 하고 말해 준다.

- 내 아이가 과연 상황에 맞게 언어를 쓰고 있는지 크게 의식하지 못하고 시간이 가 버릴 수 있다. 하지만 사회화에서 가장 중요한 것은 자신의 생각을 정확하게 표현하는 것이기 때문에 체계적이고 단호하게 알려 줄 필요가 있다.

* 징징거릴 때 귀엽다며 웃거나 혼란을 주지 말자

- 자기중심성이 높아진 아이는 뜻대로 안 되는 순간 징징거리며 불편감을 드러내는 경우가 있다. 부모에 따라서는 이렇게 징징거리는 아이에게 "너 왜 이렇게 귀여워? 징징거리지 마!" 등과 같이 애매하고 혼란스러운 훈육을 하기도 한다. 하지만 이러한 태도는 아이가 자기 조절력을 써서 상황에 맞게 생각하고 행동하고 수용하는 데 걸림돌이 된다.

- 적절한 힘을 가진 훈육이 제대로 되지 않고 혼란을 주는 훈육을 했을 경우 아이는 더 자주 더 강한 유아어를 쓰기도 한다. 우는 것 반, 말하는 것 반이다 보니 무슨 말 하는지도 모르겠고 미끄러지듯 일명 애기 말투를 쓰며 상황을 모면하려 애쓴다. 이런 과정이 반복되면 고착화된 형태의 유아어가 자리를 잡기도 한다.

- 즉, 또래에 비해 'ㅅ' 발음을 'ㄸ' 발음으로 말하거나 말을 할 때 "○○이가~", "응", "유치원에서~", "응", "밥을 먹었는데~", "응"과 같이 말을 늘어뜨려서 상대방이 반응을 하도록 하는 것도 일명 유아어에 속한다. 자기 조절력을 적절하게 쓰는 또래의 경우는 "○○이가 유치원에서 밥을 먹었는데"와 같이 부드럽게 이어지게 말을 한다. 단순히 언어표현의 차이라고 생각하기보다 아이가 상황에 맞게 자기 조절력을 쓰고 있는가 하는 측면으로 이해하는 게 필요하다.

* 유아어는 징징거리거나 떼쓰는 것과 같은 맥락으로 이해하면 된다

- 앞에서 언급했듯 아이의 유아어는 굳이 분류하자면 표현언어보

다는 행동언어라고 말할 수 있다. 자신이 말하고자 하는 것을 힘 주지 않고 애기처럼 말하면 모든 게 해결된다. 그래서 굳이 힘들이지 않고 그대로 멈춰 있고 싶은 마음과 별반 다르지 않다. 우리가 겉으로 드러나는 현상으로 보면 모두 다른 양상으로 인식할 수 있다. 하지만 그 뿌리는 자기중심성은 높고 자기 조절력은 안 쓰고 싶은 심리인 것이다.

- 아이가 징징거릴 때 요구사항을 들어주지 않아야 함은 알고 있으나 유아어를 쓸 때 요구사항을 들어주지 않아야 하는 건 낯설다. 하지만 같이 이해하면 좋겠다. 즉, 아이가 유아어를 쓰며 요구사항을 말하면 "다시 힘주고 또박또박 말해 줄까?" 하고 씨름에 들어가야 한다. 아이가 처음보다 좀 더 힘을 주고 말하거나 노력한다면 "이제야 ○○이의 마음이 잘 들려. 귀에 쏙 들어왔어!" 하며 반응해 주자.

- 또한 자신의 마음을 대충 얼버무리고 넘어가려 할 때 부모가 다 정리해 주고 요약해 주고 피드백까지 해 준다면 아이는 항상 얼버무리고 대충 말하는 고착화가 일어난다. 이로 인해 또래와 놀이나 시간을 함께 보낼 때 사회 성숙도가 낮고 전반적으로 동생처럼 행동하는 양상이 눈에 띌 수 있다.

* 유아어는 아이의 심리적 의존도를 대변한다

- 아이는 정서적인 독립이 되지 않았을 때 누가 들어도 유아어를 쓸 수 있다. 반대로 정서적인 독립이 되지 않았으나 언어표현에서는 의외로 매우 말을 잘하는 경우도 있긴 하다. 극과 극의 편차가 있

는 것이다.

- 이러한 편차는 아이의 인지, 정서, 사회성에 지대한 영향을 미칠 수 있다. 즉, 잘하거나 좋아하는 것에는 집중을 100% 하고, 그렇지 않은 것에는 집중을 거의 안 하게 되는 편차가 발생하는 것이다.

- 그런 측면에서 봤을 때 부모는 아이의 정서적 독립을 위한 노력을 게을리해서는 안 된다. 아이 스스로 해야 하는 일은 징징거리거나 어려워해도 씨름해 준다. 아이는 아기 때처럼 부모에게 의존하여 어려움을 해결하는 게 가장 쉽고 편하기 때문에 지속적으로 의존성을 갖고 도움을 요청할 수 있다. 이러한 과정이 반복되다 보면 아이는 부모와 떨어질 때 분리불안이 나타날 수 있고 스스로 도전하고 성취해 가는 자율성이 매우 낮은 아이로 성장할 수 있다.

- 이렇듯 아이가 보내는 유아어 신호는 다양한 불균형을 시사한다. 결국 아이가 부모로부터 적절한 시기에 정서적 독립을 하고 그에 따른 자기 조절력을 키워 가도록 균형을 잡아 주자.

제2부

자기 조절력과
부적응 행동의 메커니즘
(The mechanism of self-regulation
and maladaptive behavior)

"'자기 조절력'의 메커니즘을 풀어 보면, 부모는 아이가
자기 조절력이 필요한 순간 쓰도록 이끌어 주고 합리적으로 노력을
읽어 주며 칭찬해 주는 것이다. 그 과정에서 아이는 자신에 대한
높은 효능감과 자신감을 획득하면서 자아 탄력성이 저축된다."

제1장

엄마와
떨어지지 않으려는 아이

아이에게 부모는 이 세상 전부와 같다. 그런 부모가 잠시만 떨어져도 어쩌면 불안이 따라오는 건 당연할 수도 있다. 하지만 그 불안이 너무 커서 부모가 아무것도 할 수 없을 정도로 아이가 불안해한다면 고민이 필요하다. 아이는 왜 이렇게 불안해하는 것일까?

답은 아이의 발달과업 침범에서 찾을 수 있다. 즉, 아이는 발달에 따라 기다림, 욕구 지연, 시행착오 해결 등의 발달과업을 성장시켜 가야 한다. 하지만 부모가 아이의 그런 지루한 시간을 고통이라 인식하고 자꾸만 도와주고 침범한다면 아이는 조금만 불편하고 불안해도 그 사람을 찾게 된다. 이러한 과정이 오래 지속되면 우리가 흔히 알고 있는 '분리불안' 증상이 생기게 된다.

아이는 명석하고 인지적인 수행을 잘하는 편이지만 낯설거나 민감성이 올라가는 상황에서 여지없이 혼자 안 가겠다고 엄마를 끌어당기고 울기를 반복한다. 그러면 엄마는 어쩔 줄 몰라 하며 아이를 달래고 어르기를 반복한다. 이 과정이 반복되면 악순환으로 들어간다.

그렇다면 엄마와 떨어지지 않으려는 내 아이가 스스로 발달과업을 성장시켜 정서적 독립을 이루기 위해서는 어떤 노력이 필요한지 살펴보자.

1. 아이가 엄마에게 같이 가 달라고 할 때 단호하게 분리한다

물론 아이는 절규하듯 엄마와 떨어지지 않으려고 한다. 비유하자면 마치 낭떠러지에서 누군가 미는 듯한 불안과도 같을 수 있다. 그럼에도 이럴 때 부모는 어떻게 해야 할까? 예를 들어 발레학원에 혼자 들어가지 않으려는 아이에게 "약속시간이 됐어. 들어가는 거야!" 하고 바로 와 버리는 것이다. 달래고 어르고 하다 보면 아이는 절규하듯 더 크게 울고 엄마는 결국 실패하고 아이와 함께 수업에 참여하는 걸 선택하게 된다. 그래서 너무 힘들더라도 단호하게 아이를 분리한 후 뒤돌아서 집으로 오는 용기를 가져야 한다.

2. 평소 아이가 엄마에게 의존할 때 스스로 하도록 밀어낸다

아이는 수시로 엄마에게 확인을 바라거나 판단까지도 엄마에게 미루기도 한다. 자신이 필요할 때마다 쳐다봐 주기를 바라기도 한다. 이

때 대부분의 엄마는 아이가 요구하는 것들을 즉시, 최적화로 도와주었을 가능성이 높다. 이러한 과정이 지속될수록 아이는 점점 그 편함을 버리지 않고 꼭꼭 숨겨 둔다. 그래서 필요할 때마다 엄마에게 의존하고 절규하듯 엄마를 찾게 되는 것이다. 의존하는 내 아이에게 이렇게 말하자. "○○이 스스로 하는 거야!" 하고 단호함과 믿음을 담아 훈육해야 한다.

3. 아이가 엄청 크게 울거나 엄마에게 매달릴 때 단호하고 일관되게 대처한다

앞에서 언급했듯 아이는 절규하듯 엄마를 놓치지 않으려고 떼를 쓴다. 눈물, 콧물 다 쏟아 내며 아이는 에너지를 쏟는다. 엄마 또한 그런 아이 모습을 보면서 스트레스를 받고 힘들어한다. 그렇다면 아이가 이렇게 절규하듯 매달릴 때는 어떻게 해야 할까? 바로 아이를 떼어 내며 "○○이가 이렇게 울어도 어린이집에 같이 들어갈 수 없어!" 하고 뒤돌아 나와야 한다. 오히려 엄마가 단호할수록 아이의 눈물이나 떼쓰기는 짧아질 수 있다. 짧게 끝나지 않더라도 걱정하지 말자. 아이는 엄마와 떨어져서 다른 재미있는 놀이나 친구를 만나면 금방 잊어버리게 된다.

4. 아이 요구 사항에 대해 조금이라도 여지를 주지 말자

아이는 단호한 엄마에게 조금이라도 요구 사항을 얻어 내고자 조율을 시작하기도 한다. 이때 많은 부모들이 아이의 조율에 넘어간다. 하지만 이러한 여지는 매우 큰 구멍이 되어 부모에게 더 의지하는 모습으로 이어질 수 있다.

물론 너무 슬프게 절규하듯 우는 아이를 쉽게 떼어 내기 쉽지는 않다. 하지만 바늘 구멍만 한 빈틈도 아이에겐 더 큰 힘을 쓸 수 있는 여지로 발전할 수 있음을 기억하자. 그리고 우는 아이를 달래는 행동은 하지 않도록 주의하자.

5. 아이 행동에 대한 불안감을 들키지 말자

아이는 부모가 단호할 때 오히려 안정감을 경험한다. 반면 부모가 불안해하면 아이 또한 더 불안한 감정과 행동을 하게 된다. 부모는 아이에게 불안을 들키지 않아야 하고 불안을 느끼는 아이를 단호하고 민첩하게 이끌어 주어야 한다.

마치 태풍이 불 때 우산을 놓치지 않으려고 있는 힘껏 잡고 앞으로 걸어가는 것과 같다. 아이는 우리가 상상한 것보다 더 큰 힘으로 불안을 호소한다. 부모는 그런 아이에게 휩쓸리지 않는 강한 힘이 필요한 것이다.

이렇듯, 분리불안은 결국 부모가 아이를 믿고 과감하게 정서적으로 분리시켜 주는 것에서부터 소거되는 것임을 잊지 않길 바란다.

자폐 스펙트럼 장애로
의심되는 아이

많은 부모들이 "우리 아이가 혹시 자폐 아닌가요?" 하는 질문을 한다. 정상발달 범위에 들어가지만 사회성이 떨어지거나 호명 반응이 빠르지 않을 때 의심이 시작된다. 하지만 대부분은 정상발달 범위에 들어가는 경우가 많다. 다만 점점 불균형이 생겨서 '자폐화'되는 것이라는 표현이 맞을 수 있겠다. 그렇다면 어떤 특징들이 모여 부모들이 자폐 스펙트럼 장애로 의심하는 것인지 살펴보자.

1. 자기중심 언어

예를 들어 상황과 맥락과는 상관없이 자신이 하고 싶은 말을 중얼거리거나 같은 질문이나 말을 반복하는 경우가 있다. 자폐 증상에 상동언어가 있는데 부모들은 이런 특징을 보고 상동언어라고 해석한다. 하지만 이러한 특징은 '자기중심 언어'라 해서 자신이 하고 싶은 말을 생각나는 대로 하는 것뿐이다. 지금 코끼리를 그리고 있는데 갑자기 영어 노래를 부르거나 공룡 이야기를 계속하며 자신이 공룡에 관심 있다는 것에만 집중하는 특징을 보인다.

2. 질문에 대한 무반응

내 아이가 자신이 관심 있는 주제는 바로 반응하고, 그렇지 않은 주제나 상황에서는 못 들은 척 무반응을 보인다면 집중하자. 아이는 관심 없는 주제 앞에서 자기 조절력이 필요하지만 쓰지 않는 것이다. 부모는 흐지부지 그런 아이의 반응을 넘어가 버린다. 이런 상황이 누적될수록 아이는 점점 무반응이 견고하게 자리를 잡는다. 부모는 아이가 무반응을 보일 때 주의를 기울이게 해서 질문한 답을 생각해서 표현하도록 이끌어 준다. 사소한 대답 하나도 모두 이끌어 낸다. 왜냐하면 무반응이 있는 아이들은 대답도 '끄덕끄덕', '도리도리'로 하기 때문이다. 부모는 조금 귀찮더라도 "네", "아니요"로 소리표현을 매번 끌어내 주어야 한다. 이게 바로 무반응에서의 자기 조절력을 끌어올리는 가장 첫 번째 단계이다. 그다음 단계는 어떤 귀찮은 질문에 대해 "몰라요" 하고 반응하는 아이에게 "몰라요 빼고 하나만 더 생각해 보자!" 하고 확장해 주는 노력이 중요하다.

3. 원만하지 않은 교류언어

자신의 발달과업을 잘 성장시킨 아이들은 또래를 만나면 묻고, 답하고, 표현하기가 매우 자연스럽다. 하지만 발달과업을 제대로 성장시키지 않은 아이의 경우 또래보다 다소 느리거나 지연된 사회 성숙도를 나타낸다. 그래서 제대로 대처하지 못하거나 소통에서의 지속성이 떨어져 혼자 노는 시간이 많을 수도 있다. 이로 인해 부모들은 아이가 사회성이 떨어진다고 걱정하기 시작한다. 아이의 사회성은 어디서부터 자라게 되는 것일까? 바로 아이의 발달과업을 어느 정도 잘 채웠는가에 달려 있는 것이다. 즉, 아이가 주도적으로 해결하고 도전해야 하는 과업을 못 놓고 의존성을 키워 준다면 또래와의 놀이나 협동과제에서 어려움이 나타날 수 있다. 이런 과정이 누적되면서 부모는 우리 아이가 사회성이 많이 떨어진다는 걸 직감하게 된다. 그렇다면 우리 아이의 사회성도 길러 주고 그에 필요한 교류언어를 늘리기 위해서는 어떤 노력이 필요할까?

첫째, 어떤 문제 상황에 대해 답을 알려 주기보다 아이에게 생각해 보게 한다.

물을 자주 엎지르는 아이에게 "○○아, 물은 저기 높은 곳에 올려 놓아야 엎지르지 않는 거야!" 하고 답을 알려 주지 말자. "○○아, 물을 엎질렀네? 다음에 물을 엎지르지 않으려면 어떻게 해야 할까?" 하고 질문한다. 물론 아이는 대충 말하거나 모른다고 답변할 수도 있다. 하지만 끝까지 하나라도 생각하게 씨름을 해 주어야 한다. 아이가 만일 자신만의 방법을 찾아서 말을 하면 "그래, 좋은 생각이야! 다음엔 꼭 그렇게 해 보자!" 하고 아이를 응원해 준다. 이러한 과정은 아이가 상황에 맞게 생각하고 행동하는 능력을 길러 주게 되고 자기 조절력의 성장을 가져오게 된다.

둘째, 말을 습관처럼 단어로만 말하는 경우 문장어로 말하게 한다.

앞의 장에서 언급한 일명 '유아어'와 같이 습관처럼 내 아이가 단어로만 말을 한다면 반드시 문장어로 표현하도록 이끌어 주어야 한다. 즉, "뭐 먹고 싶어?" 하고 물었을 때 "탕수육"이라고 답했다면, "탕수육이 먹고 싶어요!" 하고 문장어를 모델링 1회 하여 다시 표현하도록 이끌어 준다. 이런 과정은 다소 힘들지만 연습을 통해 아이는 자기표현에 있어 자기 조절력을 쓰게 되고 이는 교류언어를 사용하여 사회성을 기르는 데 밀접한 영향을 주게 된다.

셋째, 자기중심 언어를 쓰는 경우 통합해서 말하게 한다.

원만하게 타인과의 소통이나 교류가 되지 않는 아이의 경우 자기 중심에서 상황을 설명하는 경우가 많다. 예를 들어, "오다가 친구를 만났는데 엄마는 그냥 학원을 가라 해서 속상해서 학원에 갔어요" 하고 말한다. 그러면 대부분 다시 되묻게 된다. 이 과정은 아이가 통합하지 않고 대충 말하면 타인이 정리해서 들었으면 좋겠다는 뜻이다. 즉, 상대방은 "친구를 만났는데 학원에 가야 하니까 그냥 가서 속상했다는 거야?" 하고 정리해 주며 묻게 된다. 그러면 아이는 "네!"만 하면 끝난다. 이러한 언어표현이 반복되면 아이는 자신의 생각이나 상황을 통합해서 표현하기보다 표현하고 싶은 대로 표현하고 타인이 걸러서 정리해 주기를 바라게 된다. 이는 외현적으로는 전혀 표가 나지 않기 때문에 대부분은 악순환을 거듭하는 경우가 많다. 이를 극복하기 위해서는 아이 스스로 통합해서 말할 때까지는 잘 이해하지 못했으니 다시 말해 달라고 해야 한다. 이 과정에서 아이가 짜증 내고 다른 주제로 넘어가려고 하는 행동을 할 수도 있다. 하지만 방금 말한 것들을 좀 더 알아듣기 쉽게 정리해서 말해 달라고 해야 한다. 이런 연습을 통해 아이는 사고력의 확장이 일어나고 자기 조절력을 써서 상황을 설명하는 힘을 키우게 된다.

4. 부적절한 정서 반응

아이들은 신체발달과 더불어 정서발달도 함께 일어난다. 즉, 앞에서도 자조행동에 대한 독립이 일어나고 뒤이어 정서적 독립이 일어난다고 했다. 만일 내 아이가 상황에 맞지 않는 부적절한 정서 반응을 보인다면 자조행동을 먼저 돌아보아야 한다.

발달에 맞게 스스로 해야 하는 일들을 부모가 침범하고 있지 않는지 세밀하게 들여다보자. 부모가 눈치채지 못하는 사이 자조행동의 독립이 제대로 이루어지지 않았을 때 아이 정서는 불안정하다. 그래서 상황에 부적절한 정서 반응이 나타나면서 자폐로 의심되는 것이다.

만일 내 아이가 슬픈 상황에서 웃거나 기쁜 상황에서 짜증을 내며 운다면 잘 관찰하자. 아이는 감정을 통제할 수 있는 자기 조절력이 저하되어 있는 경우가 많기 때문이다.

결국 아이 스스로 발달과업을 순탄하게 채워 간다는 것은 어려울 수 있다. 부모가 아이 발달과업에 들어가기보다 스스로 채울 수 있는 기회를 주었을 때 안정적인 정서 성장도 일어나는 것이다.

5. 낮은 사회 성숙도

아이가 또래에 대한 관심은 있는 것 같은데 다가갈 생각을 안 하는 경우도 있다. 또는 다가가더라도 미성숙한 모습으로 다가가기도 한다. 누가 보아도 눈에 띄는 행동을 하는 것이다.

이 상황을 지켜보는 부모는 '우리 아이가 혹시 자폐가 아닐까?' 하는 걱정이 생긴다. 막연한 불안감으로 인해 원인을 찾기보다 평가나 진단에 더 관심이 쏠린다. 하지만 아이 행동이 불안정한 원인에 집중하여 부모가 할 수 있는 최선의 방법을 찾는 게 더 중요하다.

낮은 사회 성숙도 또한 아이가 자기 조절력을 발달시켜야 하는 상황에 부모가 침범해 있는 경우가 대부분이다. 아이가 직접 겪는 시행착오, 좌절, 도전, 생각하기, 수용하기 등의 과제는 사회 성숙도를 높이는 데 있어 매우 중요하다. 만일 내 아이가 또래에게 다가가서 미성숙한 행동을 하고 있다면 부모는 아이 스스로 하는 경험에 집중해야 할 것이다.

6. 정서적 민감성

아이가 작은 자극에도 지나치게 짜증이 많고 과하게 반응하는 경우 부모는 당황스럽다. 그래서 '까다로운 아이'라 인식하면서 아이 감정이 건드려지지 않도록 조심한다. 하지만 악순환의 반복이 이때부터 시작된다. 점점 아이는 더 작은 자극에도 예민하고 징징거린다. 부모는 대체물, 달래기 등을 통해 최적화를 만들어 주려고 노력한다.

아이의 정서적 민감성은 매우 예민한 감각으로 이어진다. 그래서 자폐 아동이 보이는 감각의 민감성으로 이해하기 쉽다. 둘은 비슷한 색의 옷이기 때문에 부모 눈에는 충분히 그렇게 인식될 수 있다.

그래서 자폐 아동의 증상을 검색해 보면 상당 부분 일치하는 부분이 있어 부모 걱정이 더 커지는 것이다. 부모는 아이가 정서적 민감성을 키우지 않도록 적절한 자기 조절력을 쓰게 하는 데 집중할 필요가 있다. 아이가 자기중심성을 깨고 정서적 민감성을 낮추게 되면 자극 추구나 감각의 예민성으로 이어지는 걸 막을 수 있기 때문이다.

제3장

ADHD로
의심되는 아이

부모들은 평소 아이가 한 가지에 집중하지 못하고 산만하다고 생각되면 ADHD를 의심한다. 그래서 ADHD 주의력 검사를 신청해서 진행하기도 한다. 하지만 뾰족한 결과도 나오는 것 같지도 않다. 대부분 '경계선'이라는 색깔로 애매모호하게 해석을 해 준다. 과연 내 아이는 ADHD가 맞을까?

나의 답은 "아닐 수도 있다"이다. 그렇다면 아이가 산만하고 주의력이 떨어지는 이유는 무엇일까? 그건 바로 훈육 타이밍에서부터 출발한다.

20개월 전후부터 시작되는 아이의 주도성은 자신이 좋아하는 것에 집중되어 있다. 그래서 아이는 이것저것 탐색하며 자신이 좋아하는 것만 하고자 하는 힘이 강해진다. 이 과정에서 부모는 아이가 해야 할 일과 하지 않아야 되는 일을 구분하여 훈육을 해 주어야 한다. 이런 과정을 무시하고 아이가 원하는 것만 집중하도록 내버려둔다면 아이는 집중력을 요하거나 인내심이 필요한 순간 매우 산만하게 행동하게 된다. 즉, 아이는 집중하지 못하고 이것저것 만지며 충동적인 행동을 하기도 한다. 그래서 앞에서 훈육 타이밍 '2초'에 대한 중요성을 언급한 것이다.

그렇다면 내 아이가 산만하고 주의력이 약하고 때로는 충동적인 행동이 나오는 모습이 관찰될 때 부모가 해야 할 일은 무엇일까?

1. 아이가 산만하게 움직이면 즉시 행동을 끊어 준다

아이가 집중해서 과제 수행을 못 한다면 2초 이내에 아이의 행동을 끊어 주는 건 이미 알고 있다. 이러한 과정이 계속 쌓이면 아이는 점점 산만한 행동을 안 하게 된다. 조금 더 오래 앉아서 밥을 먹고, 스위치를 만지지 않으며 식당에서 뛰지 않게 된다. 하지만 중요한 것은 지속적으로 일관되고 단호하게 훈육을 해 주어야 한다는 것이다. 대부분의 부모들이 훈육 타이밍을 놓치기도 하고 기분에 따라 상황을 다르게 반응하면서 오염이 발생하는 것이다. 그래서 이 방법은 아닌가 보다 하고 다른 방법을 계속 찾는 경우가 발생한다. 지속적으로 단호하고 빠르게 훈육하는 연습을 해 보자.

2. 아이가 지루하게 느끼는 주제나 놀이는 20분 이상 더 집중하 도록 이끌어 준다

지루함을 견디는 힘은 우리가 생각하는 것보다 높은 능력에 속한 다. 사람들은 지루하거나 심심할 때 누구나 불안하고 따분함을 느끼 게 된다. 하물며 아이들은 어떻겠는가! 아이들은 놀이과정에서 쉽게 흥미를 잃고 다른 놀이로 전환하는 게 익숙하다. 하지만 아이들에 따 라서 어떤 아이는 오래 앉아서 한참 동안 자신이 하고 있던 놀이를 지 속하는 경우가 있고, 놀이가 계속 바뀌면서 산만하게 놀이하는 아이 들도 있다. 물론 누구나 자신이 좋아하고 관심 있는 놀이는 오래 집중 하게 되어 있다. 하지만 그렇지 않은 경우도 좀 더 오래 집중하는 경 우에 대해 말하는 것이다. 이러한 편차가 적을수록 아이는 심리, 정 서, 사회성에서 균형을 찾게 된다. 또한 산만하거나 낮은 집중력의 양 상을 띠지 않게 된다.

3. 다른 곳으로 시선, 말, 행동이 이동하면 바로 주제로 돌아오 도록 끊어 준다

내 아이가 작은 소리에도 예민하게 반응하며 시선이 돌아가고 다 른 주제로 넘어가서 말하거나 행동하는 경우는 반드시 훈육해야 한 다. 이 과정을 놓치게 되면 매우 산만해지고 해야 하는 주제보다는 다 른 주제로 넘어가기 일쑤여서 전반적으로 산만해지기 쉽다.

아이에게 "여기에 집중하자" 하며 즉각 개입하여 집중하도록 유도한다. 이때 화를 내거나 거칠게 하지 않아야 하고 행동은 민첩하되 말은 부드럽고 단호해야 한다.

아이들은 우리가 우려하는 것보다 실제 집중력을 많이 가지고 있다. 하지만 이 집중력에 대한 자기 조절력이 약하게 되면 그 집중력을 온전히 쓰지 못하게 된다. 그래서 부모가 훈육과정에서 이끌어 주고 확장을 해 주어야 한다. 물론 자신이 좋아하는 주제 앞에서는 원래 자신이 가진 집중력을 쓴다. 하지만 그렇지 않을 때는 급격히 산만해질 수 있기 때문에 이때 부모의 역할이 중요하다.

4. 거친 말과 공격적인 행동에 대해서는 바로 훈육한다

자기 조절력이 약화된 아이의 경우 불안이 높기 때문에 거친 말과 행동을 하는 경우가 많다. 이는 또래관계는 물론 기관 적응에도 부정적으로 작용한다. 이 과정이 반복되면 아이는 산만하고 주의력이 떨어지는 양상을 계속 나타내게 된다. 그 결과 기관에서 주의를 자주 받거나 부정적인 피드백을 얻게 되는 것이다.

아이의 거친 말과 공격적인 행동 또한 앞에서 수없이 언급한 훈육 타이밍이 관장한다. 거친 말에 대해서는 "예쁜 말 쓰자" 하고 단호하고 일관되게 훈육한다. 공격적인 행동 또한 "밀면 다쳐" 하고 단호하게 빠르게 끊어 준다. 이 타이밍을 계속 놓치거나 감정적으로 대처하다 보면 아이의 거친 말과 공격적인 행동은 점점 강해질 수밖에 없다.

아이는 주어진 상황에서 자신이 쓸 수 있는 자기 조절력을 항상 꺼내 써야 한다. 생각, 말, 행동, 감정 또한 상황에 맞게 적절한 자기 조절력을 필요로 한다. 이 능력을 잘 꺼내 쓰기 위해서는 평소 열심히 자기 조절력을 저축해 두어야 하는 것은 당연하다.

5. 아이가 할 수 있는 만큼 목적을 정해서 수행하도록 한다

아이에게 자기 조절력이 중요하다고 해서 무조건 강압적으로 해야 한다는 생각은 무리가 따를 수 있다. 아이를 가장 잘 이해하는 사람은 부모다. 아이가 할 수 있는 만큼의 목표를 정해 주고 스스로 자기 조절력을 발달시켜 가도록 도와주자.

조금이라도 시행착오를 통해 목표를 완성하면 부모는 합리적으로 읽어 주는 역할에 집중하는 것이다. 목적 없이 제한 두기 없이 막무가내로 아이와 씨름을 시작한다면 효율성이 많이 떨어지게 된다. 즉, 아이가 해낼 수 있는 양과 개념을 목적으로 정해 주고 자기 조절력을 꺼내 쓰도록 단호하게 이끌어 주는 것이다.

이런 과정을 통해 성취감을 느낀 아이는 자신의 목표에 집중하는 능력이 생기게 된다. 또한 아이는 수행 과정 자체에 집중할 수 있게 되고 산만한 양상을 띠지 않게 된다.

6. 조금 하더라도 정확하게 하는 것에 집중하게 한다

부모에 따라서는 이 정도는 해야 한다는 기준치가 높은 경우가 있다. 하지만 집중력이 저하된 아이의 경우 양적으로 접근했을 때 악순환이 반복되는 경우가 많다. 즉, 하나를 하더라도 정확하게 한 후 성취감을 느끼도록 단계 조정을 해 주는 게 좋다.

부모는 열 개를 다 완성하기를 바라지만 아이가 집중을 못 한다면 한 개부터 도전하도록 하는 것이다. "한 개는 정확하게 하자" 하며 아이가 온전히 과제에만 집중해서 완성하도록 이끌어 준다. 결국 양보다는 한 개 완성을 통한 성취감을 선택하는 것이다. 이 과정이 지속적으로 누적되면 처음 속도는 느릴 수 있으나 아이의 집중력이나 수행 능력에서 성장이 나타날 수 있다. 다만, 부모의 인내심이 바탕이 되어야 하는 조건이 있다.

아무것도
하고 싶지 않은 아이

할 것도 많고 배워야 할 것도 많음에도 아무것도 안 하고 싶다는 아이가 있다. 부모는 안타까워 다양한 것들을 권유해 보지만 아이는 그냥 집에 있고 싶어 한다. 물론 자신이 하고 싶은 게 생겨서 처음에는 열심히 가기도 하지만 금방 어떤 이유를 대며 안 간다 한다. 부모는 애가 탄다. 우리 아이는 도대체 왜 그런 걸까?

이유는 아이의 발달과업에 부모가 너무 많이 들어가 있거나 불편감을 즉시 제거해 주는 양육환경에 있을 수 있다. 아이가 발달시켜야 하는 자신의 과업은 아이 발달에서 매우 중요하다. 하지만 아이가 조금 어려워하고 불편하다 하면 바로 해결해 주거나 답을 즉시 알려 주는 것은 발달과업의 침범이라 할 수 있다. 이런 경험들이 지속적으로 누적되면 아이는 점점 자기 스스로 할 수 있는 일이 줄어들고 도전을 꺼려한다.

가장 쉽게 접할 수 있는 것이 키즈 카페에서 무섭다며 부모와 같이 놀자고 하는 것이다. 균형이 제대로 맞춰진 아이라면 스스로 뛰어가서 발달과업대로 신나게 놀아야 한다. 하지만 자기 조절력의 불균형이 있는 아이는 수시로 엄마, 아빠에게 와서 기대게 된다. 즉, 조금만 무서워도 "같이 하자"라고 하며 부모에게 의존하게 되는 것이다. 이러한 과정들이 무엇이든 안 한다고 하는 아이 심리의 뿌리라 할 수 있다.

그렇다면 부모는 어떻게 해야 할까? 아이 스스로 놀도록 기회를 주고 멀찌감치 서서 기다려 주는 용기가 필요하다. 부모에게 의존하러 오면 바로 떼어 내며 "스스로 놀아야지!" 하고 의존성을 낮춰 주어야 하는 것이다. 아이 스스로 의존하지 않고 조금씩 도전해서 성취감을 배우는 과정이 무엇보다 중요하다.

아무것도 하고 싶지 않은 아이에게 부모는 어떤 양육태도를 취해야 할까?

1. 여러 개 제안 중 한 개를 선택하게 한다

예를 들어, 아무것도 하고 싶지 않다고 말하는 아이에게 부모는 다섯 개 정도의 일을 제시한다. 그중 한 개는 꼭 선택해야 한다고 알려 준다. 아이는 처음에는 관심을 갖지 않을 수도 있다. 하지만 부모는 적절히 씨름을 해 주어야 한다.

"발레, 수영, 피아노, 태권도, 미술 중 한 개만 골라 보자" 하며 선택

권을 주는 것이다. 부모가 적절하게 씨름을 해 주면 아이는 다섯 개 중 한 개에 집중하는 힘이 생길 수 있다. 잘 안 되면 다른 선택지를 다시 만들어 기회를 주면 되므로 실망하지 말자.

시간이 걸리더라도 아이가 한 개를 선택하면 이제부턴 기한을 정해서 약속을 해야 한다. 예를 들어, 아이가 미술을 선택했다면 아이에게 12월까지는 열심히 다녀야 함을 정해 주는 것이다. 그 전에는 아무리 힘들거나 재미없어도 포기할 수 없다는 걸 알려 주어야 한다.

아이가 만일 중도 포기하려 하면 12월까지는 다녀야 한다는 제한 두기를 해 주어야 한다. 아이가 힘든 과정을 잘 이겨 내고 12월까지 마무리를 잘하면 편지와 케이크를 준비해 파티를 해 주어도 좋다.

결국 아무것도 도전하고 싶어 하지 않는 아이는 자신이 좋아하지 않는 일을 하고 싶지 않다는 것일 수도 있다. 부모가 놀이 확장을 해 주었던 것과 마찬가지로 아이가 하나의 주제에 집중하여 성취하는 경험을 주는 것은 중요한 일이다.

2. 아이가 관심 있는 것에 대한 기회를 먼저 준다

성취감을 주기 위해 한 개부터 시작하자고 한 것과 비슷한 맥락이다. 아무것도 하고 싶어 하지 않는 아이에게 첫 출발은 관심 있는 것에 대한 도전이 가장 좋을 수 있다. 예를 들어 공룡을 좋아하는 아이에게는 공룡 프로젝트 수업을 주기적으로 참여하는 기회를 주는 것이다. 형태는 독서, 그림, 로봇 만들기 등 다양할 수 있다.

앞에서 말했듯 결국 성취감은 어떤 도전과제를 스스로 해냈을 때 커질 수 있다. 아이가 하나씩 경험하고 목표를 이룰 수 있도록 부모는 민감하게 지켜보고 확장해 주는 노력이 중요하다.

3. 매일 할 수 있는 작은 것부터 지속적으로 하도록 한다

어떤 것도 아이가 안 하고 싶어 할 때는 어떻게 해야 할까? 매일 정해진 시간에 밖에 나가서 공놀이, 산책, 자전거 타기 등을 시작하는 것도 좋다. 거창하지 않고 많은 시간을 할애하지 않아도 쉽게 접근할 수 있는 것에 집중하는 것이다. 날씨나 아이 컨디션에 따라 변수도 있겠지만 꾸준히 규칙적으로 하는 게 매우 중요하다.

아이가 짧은 시간이라도 그날 해야 하는 일을 해내면 합리적으로 칭찬해 주자. 아이는 자신의 노력에 대한 가치를 배우게 되고 하기 싫은 과제 앞에서도 도전하는 걸 배워 가게 될 것이다. 그리고 다음 도전과제에 대한 거부감도 많이 낮아질 수 있다 .

제5장

호와 불호에 대한
편차가 극심한 아이

    사람은 누구나 호와 불호가 있다. 이는 때로는 성장의 기회가 되기도 하고 부족한 부분에 대한 보완작용을 하기도 한다. 그래서 호와 불호의 편차가 있다는 것에 대해 말하는 것이 아니라 호와 불호의 편차가 눈에 띄게 극심할 때에 대해 말하고자 한다.

    아이가 호와 불호에 대한 편차가 점점 심해지는 원인은 무엇일까? 바로 이는 자기 조절력의 미확장에 기인한다. 즉, 아이가 불호에 대해서도 자기 조절력을 확장하여 과제를 수행하는 힘을 길러야 한다. 그럼에도 아이가 싫어한다고 전혀 기회를 주지 않게 되면 호는 강해지고 불호는 매우 약해지는 양상이 나타나는 것이다.

    그렇다면 호와 불호에 대한 편차를 줄일 수 있는 방법은 어떤 것들이 있는지 살펴보기로 하자.

1. 좋아하는 놀이는 적절한 시간에 끊어 주고 좋아하지 않는 놀이는 확장해 준다

이 부분은 호와 불호의 편차를 줄이는 데 있어 가장 기본이 된다. 아이가 너무 기차놀이에만 집중하며 1시간 이상 높은 집중력을 보인다면 중간에 끊어 주고 다른 규칙놀이를 유도하자. 부모와 아이 모두 힘은 들지만 이로 인해 호와 불호의 편차는 조금씩 줄어드는 효과를 얻을 수 있다.

아이에게 기회를 줄 때는 아이의 발달과업을 온전히 쓰도록 기다려 주어야 하고 아이가 의존하도록 만드는 오염 요인들을 깨끗하게 없애 주도록 한다. 아이는 처음에는 불호에 대한 관심이나 흥미가 없고 대충 하거나 짜증을 낼 수도 있다. 하지만 호는 끊어 주고 불호는 확장해 주는 과정에서 점점 불호에 집중할 줄도 아는 모습이 나오게 된다.

2. 잘하지 않으면 시작도 하지 않으려고 할 때 할 수 있는 만큼 하도록 이끌어 준다

호와 불호의 편차는 아이에게 낯선 것에 대한 도전을 두렵게 만들기도 한다. 아예 못 한다며 울거나 도전도 안 해 보고 어렵다, 싫다 하며 불안해한다. 이때 부모는 할 수 있는 만큼 아이 스스로 해 보도록 유도할 수 있어야 한다. 부모가 같이 해 준다고 말하거나 달래기, 대체물 주기 등은 빼야 한다.

아이가 1에서 10까지 단계 중 1 정도만 해내더라도 응원해 주고 "그래, 오늘은 1을 해냈구나!" 하며 칭찬해 주는 노력부터 시작해야 한다. 그러면 아이는 불호에 도전해서 1을 해냈다는 성취감을 느끼게 되고 단계적으로 불호에 대한 편차를 줄여 나갈 수 있는 것이다.

시작조차 하기 힘들어하는 아이의 경우는 살짝 손만 대고 오거나 발만 담그고 오는 등의 도전 행동만으로도 좋으니 꼭 실천에 옮겨 보도록 한다.

3. 불호에 대한 무반응은 반드시 반응을 이끌어 내도록 한다

불호에 대해 이야기하거나 유도하려고 할 때 아이는 관심이나 눈 길조차 주지 않으려고 한다. 이때 부모는 대충 넘어가기보다 아이의 행동을 끊어 주고 불호에 대해 쳐다보도록 이끌어 준다. 대충 쳐다보면 계속 쳐다보고 질문이나 이야기를 듣도록 이끌어 준다. 그 시간이 짧아도 매번 똑같은 상황에서 일관되게 훈육하게 되면 점점 발전하는 모습을 보여 주게 된다.

아이의 호와 불호는 결국 부모가 확장이나 훈육을 제대로 하지 않아서 오는 자기중심성에서 출발한다고 볼 수 있다. 부모는 아이가 자기중심적으로 하고 싶은 것에만 몰입할 때 적절히 끊어 주고 하기 싫은 것도 확장해 주는 중심 잡기에 집중하자.

4. 교묘하게 호에 집중할 때 휩쓸리지 말자

아이에 따라서는 인지적 기능이 우수하여 어떻게 하면 자신이 좋아하는 것에 더 많은 시간을 쓸 수 있는지 안다. 이 '교묘함'이 들어가면 아이는 논리적으로 언행을 하기 때문에 들키지 않고 부모는 깜빡 속아 버리게 된다.

예를 들어, 종이접기를 좋아하는 아이에게 과제를 먼저 하라 했다고 하자. 아이는 종이가 책상 아래에 떨어졌다며 잠시 과제를 멈추고 종이를 줍는다. 종이를 이리저리 펴 가며 갑자기 비행기를 접고 있다. 이를 본 부모가 과제에 집중하자고 하면 "종이가 너무 구겨져서 접어 보고 있는 거예요" 하며 자신이 접고 싶었던 종이비행기를 순식간에 접는 데 성공한다.

이때 필요한 것은 아이가 종이를 주어서 펴고 있을 때 2초 이내로 끊는 것이다. 종이비행기를 접고 있을 때는 이미 훈육 타이밍이 지나간 것이라 이해하면 된다.

부모는 이 모습을 보고 아이가 호에 집중했다는 판단을 잘 하지 않는다. 그저 과제에 집중하다가 종이가 떨어져서 폈다고만 생각할 수 있다. 이는 아이의 호에 휩쓸린 예라 할 수 있다. 아이는 점점 교묘하게 자기중심성을 키우며 호에 대한 집착을 버리지 않으려고 한다. 부모는 이를 잘 알아차리고 아이가 하는 일에 온전히 집중하도록 훈육 타이밍을 놓치지 말자.

제6장

또래관계에서 대처능력이
미성숙한 아이

우리 아이가 지능도 낮지 않고 가끔 보면 똑똑한 것 같기도 하다. 하지만 혼란스럽거나 갈등 상황에서 아기처럼 미성숙하게 대처하는 경우를 볼 수 있다. 갑자기 울어 버리거나 친구를 때리거나 다른 사람에게 의지하는 등의 행동을 예로 들 수 있다. 이러한 행동의 원인은 어디에서 찾을 수 있을까? 바로 발달과업의 침범에서부터 출발한다.

우리 아이의 발달과업은 아이 연령에 맞게 스스로 성장시켜 가야 하는 것들이라고 했다. 스스로 밥 먹기, 양말 신기, 문제 해결하기, 시행착오 이겨 내기, 지루해도 기다리기, 자기 표현 언어로 하기, 규칙 지키기 등의 다양한 발달과업이 있다. 발달과업 수행단계에서 아이는 의존성이 높아졌을 때 계속 부모에게 의존하려고 한다. 한편으론 부모나 다른 사람들이 자신의 의도에 맞게 해결해 주기를 바라는 마음을 표현한다. 이때 많은 부모들이 아이의 발달과업에 침범하여 아이가 빨리 고통에서 해방되도록 도와주려고 한다. 이러한 과정들이 '침범'이라고 하는데 대부분 내 아이의 사회 성숙도를 떨어뜨리는 가장 흔한 원인임을 알아야 한다.

　내 아이의 사회 성숙도를 성장시키기 위해 부모가 해야 할 일은 한 걸음 물러나서 아이 스스로 도전하고 해결하도록 하는 것이다. 더 좋은 방법이 없느냐고 물으면 이보다 더 좋은 방법은 없다고 말하고 싶다. 아이의 시행착오는 최고의 공부 시간이라고 할 정도로 아이에겐 중요한 경험이다. 굳이 부모가 나서서 해결해 주고 방법을 알려 주지 않아도 아이는 생각보다 잘해 낼 수 있다.

　아이의 발달과업에 침범하지 않기 위해 부모가 노력할 부분은 어떤 것들이 있을까?

1. 아이가 생각해야 하는 순간 부모에게 의지하면 바로 밀어낸다

　아이는 우리가 생각하는 것보다 편한 걸 더 좋아한다. 조금이라도 복잡하면 부모에게 달려와서 고통을 호소하기 쉽다. 특히 20개월이 지나고 30개월이 훌쩍 넘어가는 아이라면 의존성이 생기지 않도록 집중해야 한다. 한번 의존하면 계속 울면서 도와달라 하거나 못 한다며 징징거리기 쉬워진다. 그래서 부모는 중립을 지키고 아이가 할 일은 스스로 하도록 씨름해 주도록 한다.

　아이를 밀어내면 아이가 부모를 멀리할 것 같다는 질문을 많이 받는다. 하지만 생각보다 아이는 그 상황을 충분히 이해한다. 다만 의지하고 싶고 자신이 불편하다는 걸 짜증 내거나 울면서 호소하는 것뿐이다. 부모는 중심을 잡고 아이에게 과감하게 스스로 해야 함을 훈육해 주어야 한다.

아이가 잘해 냈을 때 아니면 조금이라도 스스로 노력했을 때 그 노력한 부분을 읽어 주고 나머지는 다음에 다시 도전해 보자고 말하는 것이다. 아이는 이때 어느 누구도 자신이 하기 싫은 것을 도와주지 않는다는 걸 인식하고 점점 발달과업을 채워 가는 모습을 보이게 될 것이다.

2. 언어적, 신체적 침범을 하지 않도록 한다

물론 신체적으로는 도와주지 않아야 한다는 걸 알지만 많은 부모들이 언어적으로 침범하는 경우가 많다. 예를 들어, "손에 힘을 주고 옆으로 돌리면 열릴 거야!"와 같이 침범을 한다. 언어적, 신체적 침범은 사실 결과는 똑같다. 결국 아이가 생각이든 신체적 힘이든 부모의 도움을 받아 해결하게 되는 것이다.

부모는 아이가 좌절하거나 힘들어하면서 의존해 올 때 이렇게 말한다. "스스로 해 보는 거야!" 하고 주제만 던져 주는 것이다. 어떠한 달램이나 언어적 침범도 하지 않고 아이에게 단호하고 부드럽게 "울지 않고 해 보는 거야!" 하고 말해 주는 것이다. 물론 아이는 힘들어하겠지만 결국 스스로의 과업을 채워 가야 한다는 걸 한 단계씩 배워 나가게 된다. 이 과정을 연습하는 것은 또래관계에서 대처능력을 길러 주는 것과 아주 밀접함을 알아 두자.

3. 문제 상황을 직접 해결하는 기회를 준다

아이가 아직 어린데 무슨 해결이냐고 할 수 있다. 물론 어른의 눈높이에 맞는 정확한 해결은 아이에게 어렵다. 부모가 가지는 이 기준이 계속 침범하게 만드는 요소다. 아이가 할 수 있는 만큼의 해결을 주어야 한다.

숟가락을 떨어뜨린 아이에게는 스스로 숟가락을 줍게 한다. 현관에 신발을 어지럽게 벗어 둔 아이에게는 신발을 정리하게 한다. 장난감이 없다며 우는 아이에게는 스스로 장난감을 찾아보게 한다. 이런 문제들을 해결하는 과정은 아이의 생각능력과 대처능력을 성장시키는 데 밀접한 영향을 준다. 생각보다 많은 부모들이 성급하게 상황을 해결해 주며 아이가 생각하고 행동할 시간을 빼앗아 버린다.

4. 심리적 불편감을 이겨 내도록 기다려 준다

아이가 울면서 힘들어하는 상황은 부모에게 고통이다. 그래서 부모들은 아이가 사소한 갈등이나 불쾌감으로 인해 울면 안아서 달래 준다. 물론 아이가 우는데 가만히 있을 부모는 없을 수 있다. 하지만 심리적 불편감이 있을 때마다 부모에게 의지하러 오는 경우라면 부모는 안아 주며 달래는 것을 멈춰야 한다. 스스로 실컷 울고 마음이 정리되면 오라고 하는 게 좋다.

이 과정에서 부모가 용기를 내지 않는다면 아이는 또래와 불편한 감정이 들 때마다 집으로 와 버리거나 회피하는 행동을 할 수 있다. 이는 또래관계에서 대처능력 미성숙과 사회성 저하로 이어질 수 있어 아이 스스로 감정조절을 할 수 있도록 해 준다.

자주
우는 아이

사랑스러운 아이가 매일 웃으면 좋겠지만 자기 조절력이 저하된 아이의 경우는 자주 울기도 한다. 자주 우는 이유는 혹시 너무 슬퍼서? 속상해서? 두려워서? 걱정돼서? 물론 그럴 수도 있으나 사실은 여러 표현 중 하나에 속할 뿐이다. 다시 말해 아이 입장에서는 울어서 얻어 내는 것들이 많았다면 계속 울면서 뭔가를 얻어 내려는 표현을 하게 되는 것이라 할 수 있다.

이 과정에서 부모가 아이가 울 때마다 요구사항을 들어주거나 난이도를 낮춰 준다면 이건 자기 조절력을 매우 저하시키는 것으로 이어진다. 자기 조절력만 낮아지는 게 아니라 자기중심성 또한 함께 상승하며 더 예민하고 민감한 아이로 성장하게 된다.

만일 내 아이가 자기가 얻고자 하는 상황에서 매우 크게 악을 쓰며 우는 행동을 한다면 이건 '강화 행동'이라 할 수 있다. 즉, 자신이 원하는 것을 얻기 위해 표현을 과하게 한다고 보면 된다. 그래야 빨리 원하는 대로 얻을 수 있기 때문이다. 이때 많은 부모들이 당황하며 아이의 요구사항을 들어주게 되고 아이는 속으로 이렇게 외친다. "내가 이 겼어!"

이렇게 자주 우는 아이에게 부모가 해 주어야 하는 대처법에는 어떤 것들이 있는지 살펴보기로 하자.

1. 울어서 얻을 수 있는 게 없음을 알려 준다

아이가 악을 쓰고 울거나 드러눕는 행동을 하면 단호하고 명확하게 말해 준다. "○○이가 울어도 안 되는 거야!" 하고 짧게 말하고 기다린다. 만일 행동이 과격하거나 공격성이 나올 때는 2초 이내로 행동을 끊어 주며 단호하게 훈육한다.

아이가 계속 울 경우 1~2분 단위로 끊어서 훈육한다. 3회 정도 훈육해도 멈추지 않을 때는 부모의 역할은 끝난 것이니 침묵으로 기다려 준다. 아이가 어느 정도 울음이 멈추면 이렇게 훈육한다. "다음엔 울지 않고 말로 하는 거야! 그리고 울어서 얻을 수 있는 건 없어!" 하고 마지막으로 훈육한다.

만일 이런 상황이 마트나 백화점 등에서 일어난 일이라면 좀 더 안전하게 울 수 있는 곳으로 아이와 이동하여 진행한다. 실컷 울도록 기다려 주고 울음을 그치면 아이에게 단호하게 마지막에 훈육한다. "○○이가 울어도 얻을 수 없다는 걸 받아들이는 거야!" 하고 마무리한다.

이러한 과정이 반복되면 아이는 점점 울어서 얻을 수 있는 게 없다는 걸 알고 여러 가지 표현 중 '울음'을 내려놓고 다른 표현을 하거나 수용을 빠르게 배워 나갈 수 있다. 이 경험은 결국 자기 조절력을 기르고 자기중심성을 낮춰 주는 중요한 역할을 하게 된다.

2. 못 하겠다고 우는 아이에게 지나친 설명이나 달램을 지양한다

울음으로 의존했던 아이의 경우는 조금만 힘들거나 귀찮아도 울며 의존하고자 한다. 이때 안쓰런 마음에 자꾸 달래거나 상황을 설명하려는 부모들이 많다. 하지만 매우 단호하게 "힘들어도 해 보는 거야!" 하며 아이가 자기 조절력을 꺼내 쓸 수 있도록 훈육해야 한다.

물론 아이는 계속 울 수도 있고 심하면 다소 공격성을 표출할 수도 있으나 부모의 불안을 들키지 않아야 한다. 부모가 불안해서 도와준다면 아이는 매번 울면서 의지하러 오게 된다. 부모는 태풍 앞에 흔들리는 상황이라 생각하고 중심을 잡고 힘 있게 견뎌 내도록 노력해 보길 바란다.

3. 사소한 자극이나 좌절에도 울 때 다시 도전하거나 수용을 가르친다

아이가 작은 일에도 좌절하고 울 때 부모는 가장 먼저 달래면서 대체물을 주려고 한다. 그러면 그럴수록 아이는 점점 더 작은 자극에도 예민하게 느끼고 울기 시작한다.

아이는 "어떤 고통이나 좌절도 싫어요!" 하며 불호에 대한 거부 표현을 울음으로 하는 것이기 때문에 부모는 이 순간부터 씨름을 해야 한다. 아이가 거부해도 스스로 다시 도전해서 과제를 해결하도록 온 힘을 써 주어야 한다. 이 과정이 아이의 발달과업을 채우고 자기 조절력을 성장시켜 가는 것임을 잊지 말고 부모도 고통을 함께 견뎌 주어야 한다.

이렇듯 아이는 슬퍼서 울고 속상해서 울 때도 있지만 60개월 미만 아이의 울음에는 강화된 행동언어적 표현이 많을 수 있다. 아이 입장에서 울어서 얻어 내는 게 많고 효과가 즉각 나온다면 쉽게 포기하지 못하고 매번 그 도구를 쓰게 되는 원리라 할 수 있다. 이때 부모도 함께 심리적인 고통이 따를 수 있으나 잘 견뎌 보길 바란다.

4. '울음' 자체에 대해서도 훈육한다

아이가 엉엉 울 때 아이를 꼭 안고 훈육하는 부모들이 의외로 많다. 물론 속상한 일이 있거나 슬픈 상황일 때는 꼭 안아서 달래 주는 게 맞다. 하지만 무언가를 얻기 위해 우는 행동에 대해서는 단호하게 훈육해야 한다.

아이는 수시로 울음이라는 카드는 꺼내 쓸 수 있다. 이 카드를 꺼내지 않도록 부모가 훈육해 주는 것이다. 즉, "울지 않아" 하며 '울음'

자체에 대한 깔끔한 훈육이 들어가야 하는 것이다. 이때 주의할 점은 아이가 멈출 때까지 계속 "울지 않아"를 연발하지 않도록 해야 한다. 앞의 훈육 타이밍에서도 언급했듯 1~2분 간격으로 틈을 두고 일관되고 단호하게 "울지 않아" 하고 훈육하는 것이다.

그리 쉽게 울음을 멈추지는 않겠지만 부모는 중심을 잡고 아이의 '울음' 자체에 대한 명확한 훈육을 해 주면서 울음이 멈추도록 기다려 준다.

아이가 울음을 멈추었을 때 "그래, 이렇게 울지 않고 다시 해 보는 거야!" 하고 말한 후 훈육을 마무리한다.

틱 증상을
보이는 아이

다른 사람 이야기만 같았던 증상을 내 아이가 어느 날 갑자기 보이게 된다면 부모는 하늘이 무너지는 것 같은 불안을 경험한다. 갑자기 아이가 눈을 깜빡이고 손톱을 물어뜯고 밖에 나갈 때 양손에 뭔가를 쥐고 나가려고 하는 등의 행동을 보인다면 부모는 걱정이 된다. 도대체 다른 아이들은 안 하는 행동을 우리 아이는 왜 하는 것일까? 혹시 애착이 부족한가?

많은 부모들이 생각보다 애착이 부족해서 그렇다 생각해서 아이의 자율성의 범위를 더 넓혀 주는 경우도 많다. 하지만 오히려 애착은 충분하지만 그 애착을 발판으로 탄탄하게 세상을 살아가도록 도와주는 자기 조절력 부족인 경우가 많다는 걸 알아야 한다. 자기 조절력이 부족하면 결국 자아 탄력성도 동반 저하되어 불안이 채워지는 것이다.

그렇다면 자기 조절력과 자아 탄력성은 어떤 연관이 있는 것일까? 그건 바로 아이가 발달과업을 쓰는 과정에서 자기 조절력을 쓰게 되면 성취감이 높아지고 이 성취감은 자아가 성장하는 데 필요한 양분이 된다. 이러한 과정이 반복되어 자아에 양분이 쌓이게 되면서 자아의 탄력성이 채워지는 원리라고 볼 수 있다. 아이가 성취감을 느낄 수 있도록 아이가 힘들게 해냈을 때 부모는 합리적인 칭찬과 격려를 아끼지 않고 해 주는 게 좋다. 조금이라도 성취감을 느낄 수 있다면 자아 탄력성은 좀 더 증가할 것이다. 그래서 부모는 아이가 자기 조절력을 쓰는 순간에 함께하는 것이 아니라 아이가 자기 조절력을 썼을 때 성취감을 채우는 단계에 서 있어야 한다.

이 과정을 통해 자아 탄력성이 높아지면 불안이 자리 잡을 공간이 없어진다. 그래서 아이가 불안행동을 하거나 애착이 부족해 보이는 행동을 하지 않게 되는 것이다. 부모는 무조건 아이에게 "하지 마!"라고 하기보다 근본적인 원인을 찾고 한걸음 물러나서 아이 스스로 자기 조절력을 쓸 수 있도록 응원해 주는 역할이 중요하다.

결국 틱 증상은 기질적으로 매우 예민한 아이가 자기 조절력을 낮게 쓰게 되면 자아 탄력성이 떨어지고 결국 그 부족한 공간에 불안이 자리를 잡으면서 생기는 것이라 설명할 수 있다.

그렇다면 틱 증상을 우리 아이가 보인다면 부모는 어떤 노력을 해야 할까?

1. 미리 걱정하지 않도록 이끌어 준다

기질적으로 불안이 높고 완벽주의 성향의 아이일 경우 예기 불안도가 높을 수 있다. 일어나지 않은 일에 대해 미리 걱정하고 부정적인 생각을 계속하기도 한다. 아무리 주변에서 괜찮다고 위로해도 소용이 없다.

이렇게 미리 걱정하는 아이의 경우는 '미리 걱정하지 않아도 돼'를 가르쳐 주자. 즉, 어떤 일이 일어나더라도 해결방법이 매우 많으니 괜찮음을 알려 주는 것이다. 막연하게 걱정하는 일이 일어나지 않는다고 위로해 봐야 수용되기 어렵다. 그래서 해결방법이 매우 많으니 생각해서 해결하면 됨을 가르쳐 주는 것이다.

해결방법을 직접 생각해서 써 보게 하거나 생각해 보는 것만으로도 실질적인 도움이 될 수 있다. 불필요한 걱정이나 부정적 사고가 높을 경우 틱 증상이 빈번하게 나타날 수 있으므로 기억해 두자.

2. 무엇이든 할 수 있는 만큼 하는 것임을 가르쳐 준다

틱 증상에 대한 기질적 취약성 모델에는 '완벽성'이 존재하기도 한다. 무엇이든 잘하면 좋겠지만 무엇이든 잘하기는 불가능한 일일 수 있다. 아직 사고적으로 미성숙한 아이에게 부모는 "네가 할 수 있는 만큼 하자" 하며 완벽하게 해야 한다는 벽을 깨 줄 필요가 있다.

아이가 최선을 다하는 과정을 충분히 읽어 주고 결과에 대해서는 겸허히 수용하는 것임을 안전하게 가르쳐 주는 것이다. 어쩌면 부모 역할에서 가장 중요한 것은 아이에게 자신에 대한 확신과 수용을 가르쳐 주는 것일지도 모른다. 결국 틱 증상을 교정하는 것은 아이가 세상을 안전하다고 느끼는 것부터 시작되어야 한다.

3. 나와 다른 사람의 생각은 다를 수 있음을 알려 준다

불안도가 높아진 아이는 자신의 생각이 틀렸다고 하는 것에 민감할 수 있다. 또는 자신의 생각대로 되지 않는 것에 대한 불쾌감과 혼란이 높을 수도 있다.

불안한 아이에게 부모는 '나와 다른 사람의 생각이나 행동은 언제든 다를 수 있어'를 알려 주어야 한다. 아이가 상황에서 느끼는 스트레스나 불안이 낮아질 수 있도록 상황을 이해하고 수용하는 마음을 키워 주는 것이다.

아이가 인지적으로 나와 다른 사람의 생각이 다름을 편하게 수용할 수 있을 때 불안은 낮아질 수 있다. 이 과정에서 아이는 자기 조절력을 키우고 자아 탄력성을 채워 가는 경험을 하게 되는 것이다.

4. 실수하더라도 '다시 도전'을 가르쳐 준다

불안이 높은 아이는 실수는 '끝'이라고 인식한다. 실수하면 야단맞고 끝난 것이라 생각하는 것이다. 하지만 실수는 과정이고 '다시 도전'이라는 카드를 언제든 꺼내 쓸 수 있다는 걸 알려 주자.

이 과정에서 아이는 실수에 대한 불안이 낮아지게 되고 언제든 '다시 도전'을 쓰게 된다. 이는 앞의 '할 수 있는 만큼 하기'와도 색깔이 비슷하다. 결국 완벽하게 해내야 한다는 압박감은 불안을 가져오기 때문에 할 수 있는 만큼 하되 실수하면 다시 도전하면 된다는 인식을 심어 주는 것이다.

5. 자기 조절력을 쓸 수 있는 기회를 많이 준다

틱 증상과 자기 조절력은 밀접하게 연결되어 있다. 불안과 스트레스를 방어할 수 있는 자아 탄력성의 영양분이 자기 조절력에서부터 오기 때문이다. 결국 아이가 틱 증상을 보인다면 부모는 신체적, 정서적 독립에 대해 돌아봐야 한다.

자조행동의 졸업은 다 되고 있는지, 정서적으로 의지하지 않도록 훈육하고 있는지 세심하게 점검하면서 아이가 주는 불균형 신호에 귀기울여야 한다.

생각하기
싫어하는 아이

아이의 연령이 높아질수록 사고하고 추론하고 통합하는 능력이 매우 중요하다. 이는 학습이나 또래관계에도 지대한 영향을 미치기 때문에 아이가 생각하고 해결하는 과정에 부모는 침범하지 않는 게 필요하다. 예를 들어, 아이가 레고를 할 때 생각해서 조립을 하면 충분히 할 수 있음에도 "엄마! 안 돼요!"라고 한다면 부모는 아이를 밀어내야 한다. 즉, "스스로 해 보는 거야! 어떻게 하면 조립이 될지 생각해서 하는 거야!" 하고 훈육하는 것이다.

이렇게 하지 않고 의존하는 아이를 매번 받아 주다 보면 아이는 심지어 판단이나 확인까지도 부모에게 의존하러 다가오게 된다. "엄마, 이거 맞아요?" 또는 "엄마, 이렇게 돌려서 했어요" 등과 같이 사사건건 자신이 한 일이나 해야 할 일 앞에서 자기 조절력을 쓰지 않고 의존하게 된다.

이 과정이 누적되어 결국 "우리 아이는 생각을 안 하려고 해요!" 하는 아이가 되어 있는 것이다. 단순히 우리 아이가 생각하기 싫어서 생각을 안 한다고 생각하면 안 된다. 생각하기 귀찮아서 생각하지 않는 것이다. 이는 단순히 생각하기를 거부하는 것에서부터 출발하여 결국 문제해결이나 대처능력, 사고력 학습 등에서 매우 저조한 수행을 나타내는 것으로 이어진다.

만일 내 아이가 다음과 같은 언어적, 행동적 특징을 보이고 있다면 이러한 과정 안에 있다 생각하고 노력이 필요한 것으로 이해하자.

1. 아이가 조금만 생각한 대로 안 되면 도움을 요청할 때 스스로 하게 한다

아이가 자기 조절력이 약할 때 가장 눈에 띄는 행동적 특성은 좌절 앞에서 바로 멈추거나 도움을 요청한다는 것이다. 아이에 따라서 징징거림, 화내기, 울기, 못 한다며 소리 지르기 등 다양한 양상을 드러낸다. 하지만 결국 "내 마음대로 되지 않는 건 하기 싫어요!"하고 말하는 것이다.

이때 부모가 방법을 알려 주고 도움을 준다면 아이는 스스로 해결하고 도전하는 힘이 생길 리 없다. 그래서 부모는 한 걸음 물러나서 "다시 해 보는 거야!" 하고 단호하게 말하고 기다려 주는 것이다.

당연히 마음대로 안 되는 상황에선 정서적인 민감성이 올라간다. 하지만 자기 조절력을 적절히 쓰도록 이끌어 주게 되면 아이는 시행착오 상황에서 도전을 반복하며 끝까지 하는 힘이 생기게 된다. 이 과정에서 부모는 아이를 지켜보며 응원해 주는 역할을 해 주면 충분하다. 부모는 아이가 우여곡절 끝에 해내면 충분히 칭찬해 주고 안아 주도록 하자.

2. 조금이라도 생각과 판단이 필요한 순간 부모를 쳐다볼 때 하는 일에 집중하도록 이끌어 준다

아이는 신체적, 심리적 표현이 정확히 함께 움직인다. 즉, 심리적으로 의존하고 싶을 때 쳐다보거나 안기는 행동이 그것이다. 또한 불안할 때 스스로 조절을 못할 경우 신체를 부모에게 밀착시켜 불안을 낮추려고 한다.

감정도 불편하고 불쾌해져서 징징거리거나 현재 상황보다 더 과하게 고통을 호소하게 된다. 부모는 아이가 힘들어서 그런다고 인식하여 결국 도움을 주며 의존성을 쉽게 버리지 못하게 만든다. 부모는 아이가 생각과 판단을 스스로 해야 하는 순간 조금이라도 의존성을 키우지 않도록 스스로 생각하고 판단하여 행동하도록 씨름해 주는 게 중요하다.

3. 일상에서 "네 생각은 어때?"를 자주 사용한다

아이가 능동적으로 상황에 대해 생각하고 행동한다면 아무 문제가 없다. 하지만 생각하기를 수동적으로 겨우 하고 있다면 불균형으로 이미 가고 있다는 신호이다.

부모는 사소한 것에서부터 아이에게 생각을 물어보는 것부터 시작하자. 즉, "엄마, 물은 어디에 버릴까요?" 하고 묻는 아이에게 "ㅇㅇ이는 어디에 버리고 싶어?" 하고 생각을 물어보는 것이다. "엄마, 이렇게 그리면 돼요?" 하는 아이에게 "ㅇㅇ이가 생각한 대로 그려 봐!" 하고 말하는 것이다.

부모가 조금만 집중해서 생각과 행동을 이끌어 낸다면 아이의 생각 주머니는 훨씬 더 커져 있을 것이다. 아이의 판단이나 생각의 시간은 소중하니 부모가 침범하지 않도록 최선을 다하자.

4. 아이에게 주제를 주었을 때는 다 할 때까지 침범하지 말자

앞에서 말한 '의존성'과도 비슷하다. 예를 들어 바지를 입어 보자는 과제를 아이에게 줄 때, "바지 입고 나오자" 하고 과제를 주고 밖에서 기다린다. 쳐다보고 있으면 아이는 계속 봐 달라 하거나 못 한다며 도움을 요청할 수도 있기 때문에 과제 시간을 주고 기다리는 것이다.

이때 시간제한을 두는 게 필요한데 아이의 인지발달에 맞춰 시곗바늘, 모래시계 등을 활용할 수 있다. 그 시간이 되면 아이가 어디까지 해냈는지 확인한다. 한 만큼 읽어 주고 약속한 대로 움직이면 된다.

결국 부모가 침범하거나 의존하지 않도록 아이에게 기회를 주는 것이다. 그 과정에서 아이는 생각하고 행동하는 능력이 높아지고 결국 자기 조절력이 저축된다.

제10장

수행능력이 더디고
시간 개념이 없는 아이

아이마다 기질과 성향의 차이로 인해 유난히 여유롭고 느린 경우가 있다. 하지만 여기서 말하고자 하는 느린 아이는 그런 기질과 성향의 아이를 두고 하는 말은 아니다. 충분히 느릴 수 있고 급하게 서두르는 게 싫은 아이도 있다. 하지만 빨리 움직여야 할 때도 평소와 똑같이 여유를 부리고 전혀 바쁜 게 없이 수행능력이 떨어진다면 눈여겨볼 필요가 있다.

밥을 먹고 옷을 입을 때도 아무리 빨리 나가야 한다고 해도 자기 할 일을 다 하고 있거나 느리게 움직인다면 아이는 그 상황에서 자기 조절력을 전혀 쓰지 않는 것이다. 자기중심적 사고와 행동을 하고 있기 때문에 부모가 아무리 말해도 고쳐지지 않고 발전이 없다고 느끼게 된다.

이럴 때 많은 부모들이 아이에게 일일이 어떤 일을 해야 하는지 알려 주면서 하게 하거나 직접 도움을 주면서 척척 처리하기 위해 애쓰게 된다. 이러한 과정이 반복될수록 아이의 의지는 점점 줄어들게 되고 항상 제자리걸음이다. 그래서 부모는 화내기, 꾸중하기, 달래기, 대체물 주기 등의 다양한 장치를 넣어서라도 고쳐 보려고 한다. 하지만 그리 효과는 없다.

이유는 뭐라고 생각하는가? 바로 아이가 스스로 움직이지 않아도 항상 여지가 있고 도와주는 사람이 있기 때문이라 보면 된다. 그래서 부모는 아이에게 "치약 짜서 빨리 양치해", "서랍에 양말 있지? 빨리 가져와서 신어", "옷 입었으니까 로션도 발라야지" 하는 일종의 'pointing'를 빼야 한다. 이 'pointing'이야말로 아이에겐 의지나 생각 없이도 자기 할 일을 할 수 있는 아주 좋은 장치인 셈이다.

그래서 부모는 그런 아이에게 이렇게 다가가야 한다. "밥 먹었으니 뭘 해야 할지 생각해서 해 볼까?", "네가 필요한 옷을 직접 찾아서 입고 나오자", "혹시 빠진 게 없는지 스스로 생각해서 챙겨 볼까?" 등과 같이 전체 주제만 주는 것이다. 부모가 하나하나 알려 주고 세부적으로 들어가면 'pointing'이 되어 아이의 심리적 의존성만 기르게 되는 것이다.

물론 아이는 잘 챙기지도 못하고 미숙하게 수행을 할 수도 있다. 하지만 그러한 시행착오 과정 없이는 아이 스스로 발달과업을 채워 갈 수 없고 상황에 맞는 수행능력을 키울 수 없다. 부모는 정해 놓은 시간이 되면 시간이 끝났음을 알려 주고 아이 스스로 수행한 만큼 칭찬해 주고 나머지는 과감히 버리는 용기가 필요하다. 정해진 시간 안에 아이가 다 못 했을 때 부모가 끝까지 하나하나 확인해 주고 가르쳐 주면 아이는 매번 그 시간을 기다리게 되고 의존하게 된다.

그렇다면 수행 능력이 더디고 시간 개념이 없는 아이에게 필요한 양육태도는 어떤 것들이 있는지 살펴보자.

1. 시간을 정해 놓고 스스로 그 시간 안에 끝내도록 기회를 준다

우리가 흔히 말하는 '자율성'은 제한범위 내에서 아이가 자신의 발달과업을 최대한 안정적으로 수행하는 과정이라 할 수 있다. 아이 마음대로 준비될 때까지 기다렸다가 하도록 기다려 주는 것이 자율성이라고 믿고 있지만 아니다. 부모는 아이가 해야 할 일과 그에 맞는 적절한 시간을 정해 주고 아이 스스로 시간 안에 과제를 해내는 것을 기다려 주는 역할을 하는 것이다.

만일 아이가 1시간 안에 10문제 중 6문제만 풀었고 4문제가 남았다면 6문제에 대한 노력을 칭찬해 주고 4문제는 아이 스스로 선택해서 책임지고 하도록 과감히 버리는 것이다. 아이에게 "아침에 일어나서 4문제 풀어" 등과 같이 방향을 일일이 제시해 주기보다 "4문제는 어떻게 해야 할 것 같아?" 하고 책임을 주는 것이다. 아이가 하겠다고 하면 칭찬해 주고 안 한다 하면 문제를 못 푼 것에 대해서는 책임지고 결과를 수용해야 함을 가르쳐 주면 된다.

아침에 옷을 입거나 양치질을 하는 일상생활에서 정해진 시간과는 상관없이 느리게 행동하고 의존하는 아이도 마찬가지다. 약속한 시간 안에 다 하지 못했더라도 시간이 다 되었음을 알려 주고 그냥 행동을 끊어 준다. 즉, 아동이 시간 내에 수행한 만큼만 칭찬해 주고 나머지는 약속대로 움직이도록 해야 하는 것이다. 여지를 계속 준다면 아이는 절대로 움직일 생각이 없다. 예를 들어 아침 8시에 나간다고 했으면 아이가 외투를 안 입고 양말을 안 신었더라도 쇼핑백에 넣어 주며 스스로 가면서 해결하거나 가서 해결하라고 책임감을 던져 주는 것이다. 물론 아이는 당황할 수 있으나 일관되고 단호하게 책임감을 던져 주는 노력이 필요하다. 이 과정에서 아이는 점점 정해진 시간 내에 자신의 발달과업을 채우는 능력을 기르게 된다.

2. 아이에게 '시간에 맞추기' 연습을 꾸준히 시키자

시간 개념이 채 형성되지 않은 작은 아이에게 시간을 맞추는 연습은 어렵다고 느낄 수 있다. 하지만 아이가 빨리 움직여야 하는 상황에서도 자기중심적인 사고로 인해 느리게 움직인다면 '시간에 맞추기' 연습은 매우 중요하다.

연습과정을 나열해 보자면, 아이 연령에 따라 시간을 정하는 언어를 쓰며 정해진 시간을 말해 준다. 그 시간 안에 불필요한 행동을 줄이고 하는 일에 집중하여 끝낼 수 있도록 기다려 준다. 잘 안 되더라도 잘한 부분만 읽어 주고 나머지는 시간에 맞추기가 안 되었음을 인식시켜 준다. 그리고 다음에는 정해진 시간에 다 할 수 있어야 함을 가르쳐 준다. 이 연습과정은 일상생활을 하면서 연습과 실행이 동시에 되는 것이기 때문에 지속적으로 하길 바란다.

단순히 우리 아이가 느리다고만 인식하지 말고 '사회화를 위해 어떻게 하면 아이가 상황에 맞는 행동을 할 수 있을까?'로 이해하면 된다. 또래관계나 사회생활에서는 아이에게 맞춰 주기보다 누구에게나 똑같은 시간을 주고 상황에 맞추도록 하는 시스템이 대부분이다. 그래서 부모는 아이의 자기중심성을 낮추고 상황에 맞게 자기 조절력을 성장시킬 수 있도록 도와주어야 한다.

생후 60개월까지 자기 조절력 점검 및
양육 코칭을 마무리하며

저자는 양육 코칭 전문가로 20년 가까이 걸어왔다. 발달이 느리거나 정서적으로 불안정한 행동을 보여 발달센터와 심리상담센터를 찾아오는 60개월까지의 아이들에겐 공통점이 있었다. 즉, 외현적으로는 모두 다른 증상과 특성으로 전문가를 찾아오지만 결국 기본 뿌리는 '자기 조절력'이 관장하고 있음을 알 수 있었다. 아이들에겐 생후 20개월 전후부터 발달하는 자기 주도성, 자율성을 적절히 통제하고 상황에 맞게 자신을 조절하는 능력을 발달시키는 게 중요하다. 하지만 많은 부모들이 아직 우리 아이가 어리다고 생각되어 아이가 하고 싶은 대로 끌려가면서 아이 주장이나 생각을 전적으로 존중해 주고 싶어 한다. 이런 과정이 반복되면 아이가 채워야 할 자기 조절력이 지속적으로 부족하게 된다. 이로 인해 아이는 점점 떼쓰기가 늘고 해야 할 일을 거부하기도 한다. 더 나아가서는 언어발달 지연과 사회성 저하로 이어지기도 한다.

　물론 아동 발달 전문가 중에는 아이들은 모두 서로 다른 기질과 성향을 가지고 있는데 모든 특성들을 '자기 조절력' 하나만으로 결론 짓기에는 어려움이 있다고 할 수도 있다. 하지만 매월 100건 이상의 아동들이 보여 주는 행동과 부모가 보여 주는 양육태도가 약속이나 한 듯 비슷했다. 이런 관점에서 기질, 성향, 애착을 배제한 오염 요인이 있음을 꾸준히 연구하게 되었다. 즉, 기질과 성향은 그대로 안에 있고 밖은 오염 변인들이 뒤덮고 있다고 보는 것이다.

　앞에서 서술한 모든 내용은 '자기 조절력'에 기반을 두고 있다. 작은 자극에도 심하게 울며 떼쓰는 아이, 모든 행동을 부모와 함께하기를 바라는 의존적인 아이, 낯선 곳에는 혼자 절대 못 가는 아이, 공부 시간이 너무 길어서 부모가 함께 해 줘야 진도가 나가는 아이, 친구와 놀지 못하고 혼자 따로 노는 아이, 너무 산만해서 또래 활동이 안 되는 아이, 언어발달이 느리고 사회성이 낮은 아이, 타인에게 크게 관심이 없는 아이, 호와 불호의 편차가 극심한 아이 등 '자기 조절력'을 뿌리로 하는 아이의 특성은 매우 다양하다. 부모는 우리 아이가 뭔가 균형이 안 맞는다는 생각은 하지만 비교적 잘 지내는 편이어서 크게 걱정을 안 하기도 한다. 그래서 지금까지 해 왔던 양육태도를 잘 버리지 못하고 시간이 가는 경우도 있다. 하지만 아이가 보여 주는 다양한 특성들은 불균형을 호소하는 것이기에 부모는 이 책에서 열거한 내용이 나와 비슷한 부분이 있다면 좀 더 집중해서 탐독하길 바라는 마음이다.

서두에서도 언급했듯이 아이가 사회화로 걸어가는 과정은 황무지 개척과도 닮아 있다. 부모가 직접 돌을 골라 주고 풀을 뽑아 주는 행동을 버리지 못한다면 아이는 계속 부모에게 의존하게 되는 것이다. 스스로 판단하고 행동해야 하는 순간까지도 부모에게 의존하면서 위축되고 자신감이 떨어진 채 사회화 과정으로 들어갈 수 있다. 20개월 이후부터 아이가 점점 균형을 잡고 앞으로 걸어갈 수 있도록 부모는 뒤에서 훈육하고 칭찬해 주며 걸어가는 존재로 옷을 갈아입어야 한다.

저자가 양육 코칭을 하면서 만나는 많은 부모들은 이런 질문을 한다. 그동안 아이 위주로 잘 수용해 주다가 갑자기 "안 돼, 혼자 해야 해"라고 하면 아이가 부모로부터 멀어질 것 같다는 마음이 든다는 것이다. 특히 부모 자신이 자라 온 환경에서 애착이나 사랑의 결핍이 있는 경우는 더더욱 그런 경우가 많은 것 같다. 하지만 걱정하지 말자. 아이는 오히려 자신에게 기회를 주고 응원해 주는 부모에게 애착과 존경심을 배우게 된다.

결국 '자기 조절력'의 메커니즘을 풀어 보면, 부모는 아이가 자기 조절력이 필요한 순간 쓰도록 이끌어 주고 합리적으로 노력을 읽어 주며 칭찬해 주는 것이다. 그 과정에서 아이는 자신에 대한 높은 효능감과 자신감을 획득하면서 자아 탄력성이 저축된다. 이러한 자아 탄력성은 모든 일을 함에 있어 자신감으로 이어져 아이의 기본적인 기질과 성향에서 장점들이 더 빛을 발하게 되는 것이다.

부모들에게 저자는 이 메커니즘을 자주 말해 준다. 부모들은 쉬운 표현이라며 빨리 이해한다. 결국 아이가 커 가면서 사회화로 접어들었을 때 자아 탄력성이 모든 불안과 스트레스와 두려움을 견디게 해 주는 요소가 되는 것임을 이해한다. 발달적인 측면에서도 아이가 스스로 자기 조절력을 꺼내 써서 생각과 행동을 했을 때 정상적이고 안정적인 발달이 이루어지는 것이다. 그렇지 않고 매 순간 자기 조절력이 부족한 상태로 시간이 지나면 언어, 인지, 정서, 사회성이 도미노처럼 함께 무너질 수 있음을 기억하자.

생후 20개월에서 60개월의 아이를 키우는 부모라면 이 책에서 강조하는 내용들을 한 번쯤 읽어 보길 바라는 마음이 크다. 이 책에서는 조용한 아이를 활발하게 해 주거나 지능이 더 높아지는 아이로 키우는 것에 대해 말하지 않는다. 아이가 가진 기질과 성향을 바탕으로 인지, 정서, 사회성의 균형을 맞춰 주는 것에 집중하고 있다. 아이들은 자기 조절력을 바탕으로 한 균형이 맞춰졌을 때 사회화에 성공하게 되고 학업에서도 해야 할 몫을 자신의 역량 안에서 거뜬히 해내게 된다.

오늘도 아이를 키우면서 고군분투하고 계시는 많은 부모님들을 응원하며 장문의 서술을 마치고자 한다.

우리 아이 자기 조절력은 점검하셨나요?

ⓒ 조정윤, 2025

초판 1쇄 발행 2025년 1월 17일

지은이   조정윤
펴낸이   이기봉
편집   좋은땅 편집팀
펴낸곳   도서출판 좋은땅
주소   서울특별시 마포구 양화로12길 26 지월드빌딩 (서교동 395-7)
전화   02)374-8616~7
팩스   02)374-8614
이메일   gworldbook@naver.com
홈페이지   www.g-world.co.kr

ISBN   979-11-388-3927-3 (03370)